AF504800

A discussão sobre a Morte: respostas a partir da filosofia existencialista e cristã

Roberto Marques Costa

Title: **A discussão sobre a Morte: respostas a partir da filosofia existencialista e cristã**

ISBN: 979-8-89248-715-3

Author: Roberto Marques Costa

Cover image: www.pixabay.com

Publisher: Generis Publishing
Online orders: www.generis-publishing.com
Contact email: info@generis-publishing.com

AGRADECIMENTOS

Agradeço a Deus pela vida e pelo dom da inteligência, à família que é parte integrante da minha vida. Sou muito grato a todos aqueles que tornaram a publicação deste livro possível. Gratidão aos editores que aprovaram e autorizaram a publicação deste livro.

Gratidão à Professora Doutora Márcia Maria Rodrigues Uchôa pela revisão metodológica.

PREFÁCIO

A morte é uma temática que causa sentimentos de inquietação, dor e tristeza em grande parte das pessoas, em virtude dos significados e sentidos atribuídos a ela pela cultura ocidental, seja na perspectiva biológica, filosófica, psicológica, antropológica ou religiosa.

Nesse livro, o autor analisa a morte como um fenômeno inerente à vida humana, ou seja, um acontecimento inevitável ao ser, no entanto, marcado por ambivalência. De um lado, há uma compreensão que todas as pessoas viverão a experiência da morte, contraditoriamente há uma recusa e negação para aceitar e falar da finitude humana, entende-se que tal conflito encontre justificativa na razão de o ser humano não mensurar como é a experiência do pós-morte, gerando assim ansiedade e medo diante das incertezas e do desconhecido.

Roberto Marques Costa, atualmente pároco na cidade de Bom Despacho, Estado de Minas Gerais, Brasil, pertencente à Diocese de Luz (MG), um religioso com mais de dez anos de ordenação, muito comprometido com a difusão do cristianismo e dotado de uma espiritualidade pautada pelo respeito às diversas crenças, apresenta neste trabalho, a temática da morte, a partir das mudanças que sucederam na história quanto aos seus significados em diferentes períodos.

Realiza um diálogo com os filósofos existencialistas, Arthur Schopenhauer (1788-1860), Martin Heidegger (1889-1976), Jean-Paul Sartre (1905-1980) e Simone de Beauvoir (1908-1986), para explicar o sentido da morte em suas diferentes perspectivas, dando destaque à compreensão dada pela filosofia cristã.

No catolicismo, a morte é compreendida não como o fim da vida, mas como um rito de passagem para a vida eterna e é a partir dessa ótica que o autor busca normalizar o diálogo em torno do assunto, de modo que o ser humano entenda o caráter transformador que existe na morte.

O leitor é conduzido a uma imersão na temática, através de uma racionalidade cristã católica permeada por um sentido positivo, em que a morte é uma condição natural, de passagem ou transformação de um ciclo de vida para outro diferente, todavia pleno de espiritualidade e realização. A morte é concebida não como um fim em si mesma, mas como o fim de um modo de vida e início de outro, em um novo tempo-espaço, onde se concretiza a plenitude da vida cristã, de encontro com Deus.

Dotado de uma linguagem serena e lúcida, o livro é indicado a todas as pessoas que se interessam em compreender o tema da morte e àquelas que vivenciaram essa experiência, através da partida de familiares, amigos e/ou pessoas próximas, fazendo-as sentir fé e esperança.

Márcia Uchôa

novembro de 2024

A MORTE

A morte não tem idade.

Chega sem querer e sem avisar.

Seja no campo ou na cidade,

Ela vem para aterrorizar.

A morte chega a remanso.

E leva embora o seu descanso.

Sem clarão, ceifa em instante,

O que foi vida e pulsação.

Ela parece está distante.

Mas, quando vem abala o coração.

A morte é refúgio que nos envolve.

É silêncio a nos calar.

É finitude que nos dissolve,

No mistério que não se pode falar.

A morte é o fim de uma caminhada,

Um belo repouso sem igual.

Ela integra a nossa jornada,

Não apenas como sombra, mas como um portal.

A morte é triste para quem fica.

É enigma para quem vai.

A morte pode até ser magnífica.

Ela é marcha para o além que desdobra e cai.

A morte é um passo lento.

Chega sem alertar e vem nos tocar.

Ela desfalece o pensamento.

E faz o ser humano se calar.

A morte gera dor e sofrimento.

A todos, ela vem abraçar.

A morte é passagem para a luz.

Morrer significa reviver

E caminhar para Jesus.

Morrer denota renascer.

É simplesmente dizer adeus.

Porém, não está na hora.

De partir para Deus.

Não quero ir agora.

Roberto Marques Costa

ÍNDICE

INTRODUÇÃO

A Escolha do tema surgiu através da observação de uma brusca mudança no comportamento do ser humano frente a sua própria morte ou da morte do outro. Pois, é válido pensar como Morin (1970, p. 29) "É impossível conhecer o homem sem lhe estudar a morte, porque talvez mais do que a vida, é na morte que o homem se revela". Ela é parte integrante da vida humana, é intrínseca a sua existência. Acredita-se que a melhor forma de compreender o medo da morte, gerador de angústia, é debatendo-o, revelando-o para promover uma futura transformação no pensamento acerca da morte. Sendo esta obra uma coletânea de três artigos científicos, fornece apenas alguns elementos elucidativos de uma problemática que é ampla e complexa, porém espera-se que ela possa instigar ao leitor um desejo de pesquisar sobre o tema.

As dificuldades para a elaboração da pesquisa foram muitas. Dentre elas, a própria delimitação do tema, uma vez que este é amplíssimo. Outra dificuldade refere-se à bibliografia, pois se teve que tomar o devido cuidado em selecionar autores que retratassem o problema da morte inserido no contexto contemporâneo. Esta dificuldade foi mencionada, porque vários autores, ao debruçar e escrever sobre a morte, fizeram referência à Idade Média.

Antes de iniciar o tema da morte na Idade Contemporânea, é imprescindível fazer uma abordagem histórica do tema, destacando a sua relevância para a sociedade. Neste recorte histórico, citam referências bibliográficas que fortalecerão os argumentos apresentados.

Desta forma, implementa-se uma breve análise do problema da morte na Idade Média. Pois, neste período, a morte era encarada como um acontecimento natural, ao contrário do que acontece na contemporaneidade. Em toda a Idade Média, mesmo no seu final, a morte era vivida em família e esta despertava grande temor entre os homens. Entretanto, durante muitos séculos, a morte foi considerada como um fenômeno natural, esperado, que propiciava ao ser humano a possibilidade de morrer em seu leito, rodeado pelos familiares e amigos. No decorrer dos séculos, essa visão foi sofrendo transformações em razão de vários determinantes históricos.

Philipe Ariès[1] é quem proporciona essa visão histórica. Segundo ele, a história da civilização ocidental contém alguns momentos, nos quais se percebem mudanças

---

[1] Historiador francês.

em relação ao fenômeno morte. Dos séculos V e VI até o século XII, os seres humanos descortinavam a morte com pouca dramaticidade, isto é, ela era esperada e anunciada em família. Não havia individualização da morte, cada pessoa que morria era enterrada em valas comuns ou em capelas mortuárias das igrejas.

No final do século XVIII, a morte foi considerada, assim como o ato sexual, uma ruptura terrível da familiaridade cotidiana, ou seja, houve uma grande mudança nas relações entre o ser humano e a morte. Ela é transferida da casa para o hospital, da família para os especialistas.

> A partir do século XIX, as imagens da morte são cada vez mais raras, desaparecendo completamente no decorrer do século XX; o sinal que a partir de então, se estende sobre a morte, significa que esta rompeu seus grilhões e se tornou uma força selvagem e incompreensível (ARIÈS, 1977, p.72).

Percebe-se que a morte é enigmática, contudo é preciso desafiar a própria complexidade, transcender a realidade e buscar respostas para a angústia do próprio ser humano. Não é fácil dissertar sobre a morte, porque ninguém a experimentou e voltou para falar a respeito dela. Portanto, o que se sabe e escreve acerca da morte é teoria filosófica e teológica.

Há duas razões que podem dificultar a abordagem deste tema. Uma delas é, antes de tudo, psicológica e cultural: na sociedade contemporânea, o assunto morte é interpretado como um tabu. Logo, estar em contato com a morte, ainda que indiretamente, significa se colocar em confronto com a própria morte. A outra razão pela qual é difícil discutir sobre o tema da morte tem raízes na própria natureza da linguagem. A linguagem não consegue expressar 100% este fenômeno inerente à vida humana. A linguagem faz alusão às coisas que experimentamos, por meio dos nossos sentidos físicos. Entretanto, é um f1985enômeno que jaz além da experiência humana, porque a pessoa que já morreu não voltou para contar sua experiência de morte.

Acredita-se que não existe possibilidade de obter dos mortos um exemplo prático da morte, nem algum comentário sobre como é morrer. Pois, é impossível que alguém volte do além-túmulo e conte sua própria experiência de morte. Esta história que, às vezes, se ouvem por aí que pessoas regressaram do além e contaram como é o outro lado da vida é pura invenção da razão humana. Só se pode saber do sentido da morte, mas não se sabe como é de fato morrer. Esta é uma experiência que cada indivíduo tem que passar por si próprio, porque é impossível se escapar da morte ou transferir para o outro o seu morrer.

Rubem Alves (1985) dizia que da morte nada se sabe. Só sabe as histórias contadas do lado de cá. Do lado de lá, nada se sabe. As próprias experiências que a medicina moderna tem trabalhado de pessoas que após a morte clínica, são reanimadas, ainda pertencem à esfera humana, ainda são do aquém e não do além, ainda são anteriores à morte metafísica, à morte irreversível.

A obra contém um capítulo, à parte, intitulado análise histórica e filosófica do sentido da morte e mais três artigos publicados em revistas científicas. No primeiro capítulo, a morte é tratada com um tabu, deslocada da casa para o hospital, deixando-se de ser um fenômeno natural para ser a morte fria. Ela é indesejada, negada, ocultada. Não podendo evitá-la, evita-se falar sobre a mesma. Isso aconteceu devido às profundas mudanças econômicas, políticas e sociais ocorridas na Europa Ocidental no século XVIII. A morte pode ser tratada como um tabu, contudo é necessário aceitá-la, porque ela é um fato e uma realidade inevitável. Um dia, a morte chegará particularmente para cada indivíduo, porque o ser humano é um ser que caminha para a sua única certeza: a própria morte. A obra é um convite à reflexão sobre o estranho comportamento que o mundo contemporâneo apresenta diante da negação da morte. A proposta dos argumentos não é partir do pressuposto de negá-la, e sim de aceitá-la como um fenômeno natural.

O segundo capítulo abordará a filosofia existencialista de cunho niilista de Simone de Beauvoir e de Arthur Schopenhauer. Segundo Schopenhauer, tudo acaba com a morte, o último suspiro será o fim de tudo. Ela significa a aniquilação absoluta do princípio vital humano. Portanto, explicações de que há vida após a morte são divagações do pensamento humano. Para Beauvoir, é um evento central e inseparável da condição humana, algo inevitável e profundamente angustiante. A morte é um limite final que dá sentido à vida humana, é também uma confrontação com a finitude e o absurdo. Marca o fim absoluto da existência humana, sem a continuidade da vida depois da morte, o que implica a necessidade de viver com plena consciência de que o ser humano é finito.

O terceiro capítulo apresentará as contribuições dos filósofos existencialistas niilistas Martin Heidegger e Jean-Paul Sartre. Heidegger é o filósofo que definiu o homem como *um ser para a morte*, e esta é uma possibilidade ontológica do ser. Segundo ele, o que caracteriza o homem é o ser para a morte. Isto significa que dentre as diversas possibilidades humanas, há uma que representa *a possibilidade da impossibilidade* quando esta ocorre, todas as demais possibilidades ficam excluídas. Das possibilidades do ser, a morte é a mais pessoal e intransferível porque o homem é um ser para a morte. Ela é uma possibilidade privilegiada para o homem, enquanto presença no mundo. A filosofia existencialista de Sartre é a filosofia da total liberdade do ser humano. Por conseguinte, o homem é o responsável pela construção de sua existência e essência.

Há historiadores que afirmam certas semelhanças entre a filosofia de Heidegger e Sartre. Porém, percebe-se que há vários pontos em que Sartre diverge do pensamento heideggeriano. O sentido da morte é uma das questões que Sartre opõe-se a Heidegger. Sartre considera a morte como uma porta ao nada da realidade humana. Portanto, a morte retira todo significado à vida porque é a nadificação dos nossos projetos, é a certeza de que um nada absoluto nos aguarda. Para Sartre, a morte dissolve toda a existência do ser humano. Logo, quando se morre, cai-se no nada e no vazio absoluto, sem qualquer continuidade além da vida, ou seja, não há vida depois da morte. Desta forma, na concepção de Sartre, a vida depois da morte, é pura ilusão confortadora promovida pelas religiões.

O quarto capítulo trará um argumento filosófico antagônico aos argumentos dos dois anteriores, pois fará a abordagem da concepção não niilista da morte, sob a ótica da filosofia cristã. Por esta razão, o leitor irá perceber que a morte não é um convite ao desespero, à angústia e ao nada absoluto como escreveram os filósofos niilistas. No decorrer do artigo, constatará que sempre houve na história da humanidade a preocupação com o que virá depois da morte. Portanto, a proposta é fazer uma análise, por meio da pesquisa bibliográfica, que a vida não termina com a morte. De fato, ela é o fim, mas o fim entendido como uma meta alcançada e lugar do verdadeiro nascimento do ser humano. Para sustentar esta asserção, utilizará algumas considerações fundamentais da filosofia cristã acerca da morte.

A grande mensagem e verdade do cristianismo é que Cristo ressuscitou. Esta convicção está fundamentada em toda a história da revelação divina. Assim, para o cristão, o morrer não é mera sanção, e sim o início de uma nova e eterna vida. O cristianismo professa que a morte não é a extinção da personalidade humana, e sim uma transformação de todo o seu ser. Isto significa que a vida não termina com a morte, mas que ela segue o seu caminho em outras dimensões desconhecidas pela razão humana.

1. ANÁLISE HISTÓRICA E FILOSÓFICA DO SENTIDO DA MORTE

Antes de enfatizar o tema central deste livro, é imperioso fazer uma pequena reflexão histórica sobre a problemática da morte na Idade Média. Pois, neste período, a morte era considerada um fato natural, ao contrário do que ocorre na contemporaneidade.

Em toda a Idade Média, mesmo no seu final, a morte era vivida em família. Ela era considerada como um fenômeno natural, esperado, propiciando ao ser humano a possibilidade de morrer em seu leito, com a presença dos familiares e amigos. Na morte esperada, se houvesse condições, chamava-se o médico para dar assistência necessária. Havia ainda um ritual de orações coletivas em torno do enfermo para dar-lhe todo conforto espiritual. Dava-se ao indivíduo a oportunidade de se preparar espiritualmente para a morte, através da confissão, perante o sacerdote. O temido era a morte inesperada e repentina, porque privava o ser humano de se preparar para tal momento.

No decorrer dos séculos, essa visão foi sofrendo transformações em razão de vários determinantes históricos, culturais e sociais. Atualmente, a morte é tratada como tabu: deslocada da casa para o hospital, deixando de ser um fenômeno natural para ser a morte fria, escondida e escamoteada. O processo do morrer foi transferido para os ambientes hospitalares, isso se deu, em parte, devido à medicalização da morte com tentativas de aliviar o sofrimento da pessoa humana e de prolongar a vida.

Philippe Ariès é o autor que faz essa análise histórica do tema da morte na sociedade hodierna. Segundo ele, a história da civilização ocidental contém alguns momentos perceptíveis de mudanças em relação ao fenômeno morte. Dos séculos V e VI até o século XII, os seres humanos enxergavam a morte com pouca dramaticidade, isto é, ela era esperada e anunciada em família. Não havia individualização da morte, cada pessoa que morria era enterrada em valas comuns ou em capelas mortuárias das igrejas.

Todos eram ali amontoados, não havia preocupação em personalizar a morte, em dar um túmulo especial para cada pessoa que morria. Poucos eram os que tinham um túmulo especial numa igreja; geralmente isso ocorria com os grandes personagens da Igreja ou reis. A morte era, portanto, encarada com simplicidade; os seres humanos se defrontavam com ela no seu cotidiano. A partir do século XII até o século XIII, período no qual começa a se desenvolver na Europa Ocidental o capitalismo europeu, e com ele, surge a questão do individualismo. Desta forma, começa a personalização da morte com túmulos mais personalizados e epitáfios detalhados em busca por uma boa morte.

No século XVIII, começam a surgir mudanças essenciais na Europa Ocidental em todos os níveis: econômico, social e político. Exemplo o início da Revolução Industrial, na Inglaterra, e depois em outras áreas da Europa. Surge o fenômeno da urbanização com formação de grandes centros. É o século das luzes, do Iluminismo, da liberdade de cada um; as ideias de liberdade, fraternidade e igualdade: lema da Revolução Francesa. No final deste século, surge um movimento literário, porém também filosófico: o Romantismo, que vem exaltar o indivíduo como identidade nacional.

Todas essas mudanças vão intervir no fenômeno da morte. A morte passa a ser indesejada, ocultada. Se não se pode evitá-la, pode se evitar o falar sobre ela. Assim, a morte passa através de sua trajetória histórica, de uma coisa esperada, desejada, a um tabu e, portanto, dela não se deve falar. Este é o ideal de nossa sociedade, levando o homem a se esquecer de que, ocultando a morte, ele está atingindo a própria vida.

No final do século XVIII, a morte foi considerada como o ato sexual, uma ruptura terrível da familiaridade cotidiana, ou seja, houve uma grande mudança nas relações entre o homem e a morte. Ela é transferida da casa para o hospital, da família para os especialistas.

> A partir do século XIX, as imagens da morte são cada vez mais raras, desaparecendo completamente no decorrer do século XX; o sinal que a partir de então, se estende sobre a morte significa que esta rompeu seus grilhões e se tornou uma força selvagem e incompreensível (ARIÈS, 1977, p. 72).

1.1.   O sentimento familiar nos túmulos e o culto aos mortos

Na Idade Média, e durante longos séculos, os mortos não causaram grandes dificuldades aos vivos, pois, naquela época, as pessoas eram enterradas o mais próximo possível dos túmulos dos santos e de suas relíquias, isto é, num espaço sagrado que compreendia ao mesmo tempo a Igreja. Os locais mais procurados eram aqueles que estavam mais próximos das santas relíquias e dos altares onde era celebrado o Ofício Divino. Veja o que escreveu um célebre educador do reinado de Luís XIV, o padre Jesuíta Charles Porée:

> As pessoas imaginavam que suas almas teriam mais participação nos sacrifícios no momento em que seus corpos estivessem mais próximos dos altares e dos sacerdotes. Daí a sua pressa em serem postas nas Igrejas e até no santuário convencidas de que os votos agiam sobre elas com mais eficácia e na razão das distâncias. Assim, se dava uma esfera de atividades a preces e cerimônias cujo efeito imediato é simplesmente moral (ARIÈS, 1977, p. 121).

Foi imprescindível fazer esta pequena referência sobre a problemática da morte na Idade Média para contrapor à concepção da morte na filosofia contemporânea que é o principal objeto de reflexão desta obra. No decorrer da leitura de Ariès, percebe-se que no final do século XVIII, portanto início da Idade Contemporânea, foi proibido na França o enterro nas Igrejas e nas cidades; então, criaram-se os cemitérios fora de Paris. Assim, na primeira metade do século XIX, tornou-se comum o uso de sepulturas de família que estão presentes nos cemitérios até os dias atuais.

> Os primeiros jazigos coletivos de nossos cemitérios foram, portanto apenas imitações reduzidas das capelas laterais das Igrejas. No século XIX, e começo do XX, e ainda hoje nas classes populares, os franceses demonstram grande apego a esses jazigos de família, onde frequentemente repousam três ou quatro gerações (ARIÈS, 1977, p. 116).

Dessa forma se dá a passagem, ou seja, deixam de enterrar os mortos nas igrejas (século XIV ao XVIII) e passam a enterrá-los nas catacumbas de família dos cemitérios contemporâneos. Esse enterro na catacumba reservada a uma família se opõe ao enterro comum, solitário e anônimo. Essa necessidade de reunir os mortos da família num lugar preservado e fechado estendeu a todas as classes sociais do século XIX e XX: a afeição que une os membros vivos da família, transferida aos mortos. "Assim, o jazigo da família é talvez o único lugar que corresponde a uma concepção patriarcal da família, onde são reunidos, sob o mesmo teto, várias gerações e vários casais" (ARIÈS, 1977, p. 117). Por isso, hoje, uma multidão de pessoas vai aos cemitérios no dia dois de novembro para cultuar seus mortos. Culto este que é feito da lembrança ligada ao corpo, remonta à antiguidade cristã e se propagou a partir do século VIII. Em 998, Santo Odilon fixou na Abadia de Cluny, o dia dois de novembro como um dia dedicado à solene comemoração dos mortos.

Após esta pequena abordagem histórica da morte na Idade Média, passa-se agora para outro problema que é a negação e o medo da morte.

1.2. A negação e o medo da morte

Há alguns anos, ou mais precisamente, uns oitenta anos, quando uma pessoa estava em fase terminal, ela passava seus últimos dias de vida em casa. Ao morrer, o velório era feito na própria casa do morto, na sala de visitas; as crianças assistiam ao que estava acontecendo. Posteriormente, era enterrado no cemitério mais próximo da residência. Dessa forma, a morte, assim como o velar do corpo acontecia em casa, era também um proceder natural o hábito de se levar crianças ao velório. O morrer não era ocultado das crianças e elas participavam dos rituais que envolviam a morte.

A morte, vista no passado como algo familiar e presente, vai perdendo essa característica. Desse modo, nos tempos recentes começa a haver um enorme esforço para negá-la, não a aceitando. Hoje, é diferente: quando uma pessoa adoece, é levada para o hospital; e, se entra em fase terminal, passa seus últimos dias num leito de hospital. "No Mundo Ocidental, desde alguns anos, as pessoas vão morrer cada vez mais no hospital, 80% atualmente" (STEIGER, 1998, p. 144). Ao morrer é levada para a capela do hospital ou para a capela do cemitério. Assim, o culto da morte cedeu lugar a uma tentativa de esquecimento. Pouco se fala dela, e os cemitérios tendem a ficar longe dos centros urbanos. A visão da morte, nesta ótica, procura expulsar do convívio humano o que é desagradável e triste. Portanto, faz-se velório no cemitério, em vez de trazê-lo para casa, porque assim, a última lembrança da pessoa em casa, seria ainda com vida. "Quando morre, o velório geralmente é feito no necrotério, no qual não se costuma levar crianças, as quais crescem à margem dessa realidade da vida: nunca veem um morto, nem um cemitério" (ARANHA; MARTINS, 1993, p. 333-334). Na sociedade contemporânea, poupam-se as crianças do problema da morte. Elas são afastadas do assunto morte e evitam-se comentários perto delas para que elas não fiquem impressionadas. O século XX escondeu a morte, ou seja, a morte normal, do convívio das crianças. Elas não veem os mortos, ou os veem apenas pela televisão; porque quando alguém da família morre vai para as capelas funerárias. Assim, elas não têm experiência porque os adultos não deixam. Contudo, a morte não deve ser escondida, pois ela faz parte da vida, como o nascer, o crescer e o envelhecer.

A morte é ocultada das crianças e banida das conversas cotidianas. As pessoas evitam falar da morte, porque a ideia do não existir provoca certo desconforto, que faz com que a mente humana crie um mecanismo de defesa para fugir dessa realidade.

Porém, é inevitável na temporalidade de cada um que se depare com a morte. Nesse encontro com a morte, iniciam-se os questionamentos sobre a natureza da vida e da morte, suas indagações e implicações. Ninguém aceita a morte. A contestação da morte é inerente a todo o ser. A Ontologia se permite a dizer que a morte é desintegração e a integridade é característica transcendental do ser.

> Essa tendência a negar a morte parece uma característica inata no ser humano. Está presente em todas as sociedades, embora seja particularmente acentuada no Ocidente civilizado. Na verdade, é perfeitamente compreensível que tenhamos medo da morte. Ela destrói o nosso corpo e nossa mente, que juntos compõem a imagem que fazemos de nós mesmos (FERREIRA, 1974, p. 1550).

Por que será que o ser humano contemporâneo escamoteia a morte? Talvez seja porque a dificuldade que ele tem de lidar com a morte esteja relacionada à sua incapacidade de lidar com a vida, pois já afirmava Confúcio: "se ainda não sabemos sobre a vida, como podemos saber sobre a morte?" (BOWKER, 1995, p. 46). "E também porque a morte força-nos a abandonar aqueles que amamos, o mundo a nossa volta e o controle da vida que conhecemos. Em troca não oferece nada além do desconhecido total e impenetrável" (FERREIRA, 1974, p. 1552).

Segundo Kubler-Ross (*apud* Camon, 1995, p. 103), "a morte é um tema evitado, ignorado por nossa sociedade adoradora da juventude e orientada para o progresso. É quase como se a considerássemos apenas uma enfermidade nova e debelada. O fato, porém, é que a morte é inegável". A morte é um tema evitado, ignorado e negado numa cultura que se volta para o progresso e para o futuro. Contudo, a morte não deve ser negada, porque é talvez de todos os problemas o mais antigo deles. Os próprios filósofos já sabiam que filosofar é meditar sobre a morte, pois não existe uma verdadeira filosofia sem refletir sobre a morte. Pode-se dizer que sem a morte, o ser humano talvez jamais tivesse começado a filosofar. O grande filósofo da morte, Schopenhauer, já dizia que: "a morte é o gênio inspirador, a musa da filosofia, sem ela ter-se-ia dificilmente filosofado" (SCHOPENHAUER, 1958, p. 125).

É muito difícil para os sobreviventes aceitarem a morte dos outros, principalmente a dos entes queridos. A tendência humana é recordar o falecido por meio de reminiscências, pois cada vez que o morto é relembrado, ele permanece vivo entre os vivos, isto é, a memória revive o passado e aproxima-se o futuro. Na literatura, há uma infinidade de obras memorativas. Um exemplo clássico de obras memorativas é Memórias Póstumas de Brás Cubas, romance de Machado de Assis (1839-1908). Onde o fictício Brás Cubas evoca e repensa do além-túmulo, a sua existência, revendo criticamente os amores e ambições de uma vida resumida na célebre frase: "— Não tive filhos, não transmita a nenhuma criatura o legado de nossa miséria" (ASSIS, 2000, p. 233). O defunto autor, Brás Cubas, dedica o livro "ao verme que primeiro roeu as frias carnes do meu cadáver" (ASSIS, 2000, p. 15). Perfazendo um painel de ironias que comprova o talento de Machado em abordar temas como a relatividade da vida, as fronteiras, entre a loucura e a razão, além do pessimismo existencialista que caracteriza o realismo psicológico de um dos maiores escritores em Língua Portuguesa.

Esta breve análise de *Memórias Póstumas de Brás Cuba* demonstra que mesmo negando a morte, ela está presente em nosso meio: seja pela memória mental, fotográfica ou literária ou pela saudade, os mortos permanecem entre os vivos.

No Ocidente, a maior parte dos contemporâneos recusa a própria ideia da morte. Eles temem a morte e a consideram como um enigma. "Os homens são como crianças que têm medo do canto escuro dissimulado atrás da cortina e que sua imaginação povoa de criaturas monstruosas. Afastada a cortina, veem que o canto está vazio" (BAYARD, 1996, p. 44). O medo da morte é um sentimento sem possibilidade de se separar do processo de desenvolvimento do ser humano, ou seja, "o medo da morte permanece sutilmente no fundo de cada homo sapiens" (STEIGER, 1998, p. 145). As pessoas têm medo da morte porque é a única certeza que se tem. De todos os fatos da vida, a morte é o mais certo, "mas nossa cultura não incorpora a morte como parte da vida" (BROMBERG, 1999, p. 05). A morte tem para o homem uma nota de castigo; e é essa nota que a torna tão temida, que acarreta tanto sofrimento para o ser humano. As pessoas vislumbram a morte como um castigo, é por isso que se cansa de ouvir aquele famoso ditado popular: *"Coitado"!* Ele era tão bom, por que morreu? Como se os bons não morressem! A morte é para todos, não é castigo, é apenas um "afastamento, silêncio, nunca mais [...]" (BROMBERG, 1999, p. 05). Esse é um dos motivos, pelos quais, as pessoas dizem que a morte é um castigo.

As pessoas a temem porque não enfrentam a morte como parte integrante da vida, como um problema que está intimamente ligado à existência humana e que não há possibilidade de fugir dele, porque o homem é um *'ser para a morte'*. Por mais que a ciência avance, as doenças continuam a existir, mas a morte continua a ser a única certeza, porque pertencemos à classe de indivíduos dos quais uns dos atributos é a mortalidade. Usando o raciocínio lógico, conclui-se que a morte é uma certeza, porém não se sabe quando ela acontecerá. "O evento é certo, a hora incerta" (KASTENBAUM; AISEMBERG, 1983, p. 08). Esta dura realidade causa perplexidade e leva o ser humano a mergulhar na tristeza e na angústia, porque ele sabe que de pouco a pouco perderá todos os seus entes queridos. A morte causa medo, porque ela parece ser horrível e ela se torna mais horrível, ainda, quando se afasta dela.

A ocultação da morte, sua recusa e seu afastamento são causados pelo medo que inspira, medo de tudo perder. Por assim ser, a banalização da morte, tornada fato corrente, indiferente, quando se trata dos outros, contribui para desdramatizá-la, para conjurar o medo que ela inspira (AUBERT, 1995, p. 34).

Devido ao temor que o ser humano tem da morte, ele passa a detestá-la, não quer falar sobre ela e até mesmo nem pensar na morte. Pois, "a rebelião mais intensa contra a morte está representada pelo esforço de não pensar nela" (SCIACCA, 1977, p. 271). A morte causa medo, porque do interior humano floresce um grande anseio da imortalidade, isto é, o maior desejo do ser humano é a imortalidade, já dizia Santo Agostinho. Portanto, nesse sentido, pode-se dizer como Rosmini: "alma intelectiva possui o sentimento da própria imortalidade" (*apud* Sciacca, 1977, p. 228). A criatura humana aspira a não morrer, se pudesse, ela própria, realizaria a sua imortalidade. "A imortalidade é, portanto, um desejo próprio da natureza espiritual do homem. (e só do homem na ordem natural) é concernente só a ela e não à vida orgânica" (SCIACCA, 1977, p. 230). Contudo, é verdade que o homem é um ser mortal, logo ele teme a morte, e esse temor o leva considerá-la como uma inimiga cruel.

A psicologia afirma que todos têm medo da morte. "Dizem-nos que o medo do morrer é instintivo, profundamente enraizado na natureza humana. E nos dizem que nas profundezas de nossa psique nenhum de nós pode verdadeiramente aceitar ou mesmo entender a afirmativa de que somos mortais" (KASTENBAUM; AISEMBERG, 1983, p.149). Portanto, se existe algo de comum entre as pessoas a respeito da morte, esse algo é o próprio medo. Medo este, que muitas vezes, está relacionado à ameaça de castigo e ao estado de 'nadificação', isto é, o fim da vida ou o nada absoluto, por isso é difícil sentir, pensar ou falar da não existência.

Pode-se dizer, ainda, que o medo de morrer gira em torno de circunstâncias. Por exemplo: uma pessoa pode temer a morte por sufocamento; a outra por afogamento, a outra por ser queimada etc. Veja um caso de uma enfermeira de trinta e quatro anos de idade que quase morreu por sufocamento, devido à sua insuspeitada alergia por penicilina, ingerida para resolver um problema numa raiz dentária, "encontrando-se em meio a denso tráfego, cerca de vinte minutos após tomar penicilina, ela começou a notar sua dificuldade em respirar. Rapidamente, sua respiração tornou-se mais comprometida e ela pensou que experimentava as asfixias da morte" (KASTENBAUM; AISEMBERG, 1983, p. 64). Embora, segundo a maior parte das pesquisas, o medo de morrer concentra-se mais em portadores de doenças terminais: sendo que o medo de um castigo pós-morte ocorre com maior frequência entre os doentes mentais, enquanto, os normais preocupam-se mais com a solidão e o medo do desconhecido, ou seja, do que possa acontecer com o corpo depois da morte. Existe também o medo de morrer da mesma doença que vitimou os pais e avós, ou até mesmo o medo de morrer de fome; que é um problema que envolve milhares de pessoas.

Os medos do tipo descrito no parágrafo acima estão relacionados mais com o processo de morrer do que com a própria extinção. Então, nos pergunta-se "É da morte que realmente temos medo, ou tememos o medo do medo-de-morrer?" (KASTENBAUM; AISEMBERG, 1983, p. 53).

De fato, os seres humanos têm medo da morte e fazem tudo para evitá-la. O que eles temem é precisamente o absoluto desconhecido, pois não sabem o que os espera. Alguns pensam que aqueles que agiram mal neste mundo, irão queimar no fogo do inferno. Nesse sentido, o medo da morte está relacionado com as superstições religiosas e com a questão moral do indivíduo. Se o ser humano é apenas um agregado de átomos, quando se morre é apenas os átomos que se separam, apenas o seu corpo que se decompõe primeiro num ponto, depois num todo.

> Por conseguinte, nada de nosso ser sobrevive, não há nada depois da morte, a morte não é nada para nós. Aqueles que pensam que a vida do corpo, o pensamento, a sensação, o movimento vêm da alma e que essa alma poderia sobreviver após a morte do corpo, estão errados. Pois a própria matéria é feita de matéria, por certo mais sutil quase insensível; mas se ela não passa de agregação de átomos, ela também se decompõe quando sobrevém a morte, e até, de acordo com a experiência mais comum, deve-se pensar que é a primeira a se decompor (BOSCH, 1998, p. 83-84).

O medo da morte está presente em todos os tempos e em todas as pessoas, ou seja, não faz diferenciação de idade, sexo e nem de grupos sociais. Está enraizado em todas as culturas e em todos os povos. Hoje, ele é refletido numa possibilidade de que a morte é a perda de tudo: a família, a companhia dos amigos, o carro novo, o status social, o patrimônio, o dinheiro etc. "Nenhum ser humano está livre do medo da morte e todos os medos estão, de alguma forma, relacionados a ele" (KOVÁCS, 1992, p. 14-15). Teme-se a morte, porque tem medo do aniquilamento total. "Diante da morte, existe a ameaça do desconhecido, o medo do não ser e o medo da extinção" (KOVÁCS, 1992, p. 15).

O tabu da morte não foi quebrado. As pessoas não gostam de falar dela, mesmo em caso de falecimento de familiares ou de algum amigo próximo da família. Na verdade, de nada adianta vê-la como um tabu; pois fugir da reflexão sobre a morte, significa fugir da reflexão sobre a vida. Evitando aceitar a própria morte, evita-se acolher também a própria existência, uma vez que, a morte é inerente à vida humana.

A interpretação da morte não terá a seriedade devida se a morte for dissociada da vida. Quem evitar a discussão sobre a morte, evita também a discussão sobre a vida.

> Pois, morrer é parte integrante da vida, tão natural e possível quanto nascer. Mas, enquanto o nascimento é motivo de comemoração, a morte transforma-se em terrível e inexprimível assunto, a ser evitado de todas as maneiras na sociedade moderna. Talvez porque nos relembra a nossa vulnerabilidade humana, apesar de todos os avanços tecnológicos (KUBLER-ROSS *apud* Blank, 2000, p. 09).

O ser humano da contemporaneidade procura, de todas as maneiras, afastar, ignorar e esquecer a morte. Assim analisada, a morte é a negação de tudo o que ele entretém de esperança. Ele enxerga a morte como um fantasma aterrorizador, pois ela é afastamento definitivo do mundo e das pessoas queridas. Ele não gosta de falar da morte, chega a negar, a reprimir o monstro da morte. A sociedade cria uma espécie de proteção aos enfermos, isto é, as palavras: doença, câncer, e morte são cuidadosamente afastadas. Assim, pode-se concluir com as palavras de Blank (1991, p. 23) "A maneira pela qual a nossa sociedade nega a morte não traz nem esperança, nem empresta nenhum sentido a este fato, somente aumenta nosso medo e nossa vontade de destruir".

A sociedade expurgou e baniu a morte do homem contemporâneo, transformando-a num tabu, em algo assustador e angustiante. Parece que a sociedade procura resolver o problema da morte negando-o simplesmente. A morte pode ser tratada como um tabu, assunto do qual, a maioria das pessoas não gosta nem de falar. Contudo, seja como for, ela é um fato, uma realidade inevitável. Um dia essa realidade chegará particularmente para cada pessoa, porque o homem é um ser que caminha para a sua única certeza: a morte. Ela sempre existiu e sempre existirá, porque o morrer é parte integral da vida e da existência humana.

> Até pouco tempo, existia um tabu na cultura ocidental contra o estudo de algo tão temido e pessoal como a morte. Muita gente, entretanto, pensa que o estudo da morte é um tema delicado, mas os tanatologistas consideram que seu trabalho pode beneficiar a todos. Já que a compreensão do processo da morte pode fazer com que esta experiência seja menos alienante e temida (PALLARDY, 2002, p.4-5).

Hoje, se vive como se jamais existisse o morrer. O progresso, a tecnologia e o avanço da biomedicina afastam o ser humano do fenômeno morte. Desde muito cedo, o ser humano aprendeu a buscar prazer e a ter um desejo ardente pelo poder. Contudo, nunca lhe foi ensinado a perder, a encarar a dor, o sofrimento e a própria morte.

A morte é algo sagrado da interioridade humana. Essa percepção de sacralidade está ligada ao respeito pela vida que se encerra e ao mistério do vem depois. Segundo Hennezel e Leloup (2002, p. 45) "o tabu da morte é um tabu da intimidade. Com efeito, se começamos a observar a realidade da morte, é para as profundezas de si que o olhar se dirige; é nessa interioridade que nossa sociedade dissimula tanto quanto pode".

Finalizando este item, convido você, caro leitor, a refletir sobre o comportamento que a sociedade contemporânea tem de negar a morte. Por que partir do pressuposto da negação da morte? Não seria melhor aceitá-la como um fenômeno natural? Que ganho se tem em viver num teatro, falsificando uma realidade óbvia? Todavia, não ouso fornecer respostas prontas e conclusivas. Apenas, afirmo que a morte é parte integrante da vida e nenhum ser humano é imortal.

A seguir, apresentam-se os três artigos sobre os diferentes prismas acerca do modo de conceber a inevitável morte. Recordo a você, caro leitor, que esses artigos já foram publicados em revistas científicas de Filosofa e de Teologia.

2. O ABSURDO DA MORTE NO NIILISMO DE BEAUVOIR E SCHOPENHAUER

2.1. Introdução

O Niilismo é uma corrente filosófica que acredita no vazio. É bom ressaltar que o conceito está apoiado na subjetividade do ser e sem qualquer comprovação metafísica para a existência humana. Isto é, não existem verdades absolutas. O termo *nihil* é originário do Latim e significa nada. Trata-se, portanto, de uma filosofia que está alicerçada no ceticismo, é destituída de normas, indo contra os ideais das escolas materialistas e positivistas.

A contextualização histórica deste artigo se pauta na contemporaneidade, fundamentada na filosofia existencialista de Beauvoir e Schopenhauer. O método de pesquisa tem como finalidade fazer uma abordagem crítica e qualitativa, por meio de uma pesquisa bibliográfica básica, estratégica com o objetivo de avançar no desenvolvimento do conhecimento científico e filosófico. Portanto, é um método descritivo de pesquisa, cujo objetivo é analisar e refletir criticamente a teoria filosófica existencialista desses filósofos, no que se refere à discussão sobre a morte. A fonte de pesquisa é secundária, baseada e fundamentada nesses filósofos que abordaram em sua teoria o tema da morte. É uma pesquisa qualitativa com procedimento bibliográfico que apresenta e analisa os resultados criticamente, pelo método hipotético dedutivo que é o mais utilizado em trabalho científico descritivo.

A escolha do tema surgiu através de uma inquietude referente ao comportamento do ser humano frente à morte. Pergunta-se: por que a morte é um tabu? Por que ela assusta e amedronta as pessoas? Um grande antropólogo contribui para essas indagações e diz que "é impossível conhecer o homem sem lhe estudar a morte, porque talvez mais do que a vida, é na morte que o homem se revela" (MORIN, 1970, p. 29). É preciso pensar como ele, pois a morte é parte integrante da vida humana e é intrínseca à sua existência. É possível pensar que a melhor forma de entender o medo da morte, gerador de angústia, é refletir de forma crítica e existencial sobre ela como parte integrante da vida para promover uma futura transformação no ser humano.

O objetivo deste artigo é analisar, refletir e apresentar resultados filosóficos concernentes à morte na filosofia existencialista de cunho niilista de Beauvoir e Schopenhauer. Como esses pensadores concebem e refletem sobre a problemática da morte? Afirma-se que a morte é o fim de toda existência, sem possibilidade de sobrevivência após a morte. De acordo com essa teoria, quando se morre, os átomos se separam, é a decomposição de todo o ser na sua totalidade. A morte é o fim de toda a realidade humana, nada do ser sobreviverá no pós-morte.

Nesta pespectiva, ela representa apenas o término de uma das inúmeras vidas existentes. A morte é um fato que nada encerra, além de uma escuridão absoluta. Ela reduz o homem ao nada absoluto, o último suspiro será o fim de tudo. Nesta perspectiva, o morrer significa a aniquilação absoluta do princípio vital humano. Mais do que na vida, é na morte que o ser humano se revela, é nas atitudes diante dela que o homem enuncia o que a vida tem de mais fundamental. Portanto, sem a morte, talvez, o homem nunca teria filosofado.

Existem vários filósofos e autores que abordaram e se aprofundaram sobre o tema do niilismo e o tema da morte. Contudo, este artigo objetiva analisar e apresentar resultados de forma crítica sobre a discussão da morte na filosofia niilista de Simone de Beauvoir e de Arthur Schopenhauer.

2.2.   Simone de Beauvoir

Vale ressaltar que Beauvoir é uma filósofa existencialista e ateia. O termo existencialismo ateu refere-se à exclusão de quaisquer crenças transcendentais, metafísicas ou religiosas. Os pensadores dessa corrente filosófica enfrentam a angústia da morte sem recorrerem à existência de Deus e à salvação sobrenatural.

Beauvoir nasceu em Paris, no dia 9 de janeiro, de 1908. Ela é considerada um dos nomes mais influentes do feminismo moderno. Beauvoir foi criada em uma família tradicionalmente católica, porém optou pelo ateísmo quando ainda era adolescente. Por isso, ela analisava as questões relacionadas à existência humana desprovida totalmente de qualquer cunho religioso. É no corpo que ela percebe a ausência de Deus e os sinais do seu vazio espiritual, não tendo como escapar de um niilismo total e destruidor.

> Detenho-me, estupefata à vista do meu rosto. Pois abomino minha aparência de hoje: as sobrancelhas caídas sobre os olhos, a rotundidade das bochechas, e esse ar de tristeza em torno da boca que vem com as rugas... Sim, é chegado o momento de dizer: Nunca mais! Nunca mais um homem. Agora não é só meu corpo, é minha imaginação que aceita isso. É esquisito não ser mais um corpo. A

estranheza disso me enregela o sangue. Mas o que dói é não sentir desejos novos (BEAUVOIR, 1976, p. 31).

Simone de Beauvoir revela certa intranquilidade diante do envelhecimento e do morrer. Para a filósofa existencialista, "o terrível não é a morte, mas a velhice e seu cortejo de injustiças" (BEAUVOIR, 1976, p. 31-32). Na sua concepção, o envelhecimento e também a morte de amigos próximos produzem angústia e melancolia. Ela se sentiu profundamente melancólica frente à morte de seu companheiro Sartre. A morte para Beauvoir mais do que uma teoria propriamente dita é uma ameaça ao seu projeto existencial. Não resta dúvida de que ela angustia o ser humano, pois torna a vida esvaziada de sentido e de prazer. É no corpo que Beauvoir percebe os sinais do seu vazio espiritual, não tendo como escapar de um niilismo destruidor desde o momento em que eu soube que era mortal, a ideia da morte me aterroriza. A morte se apresenta, para a autora, como uma inimiga e como algo a temer; quando se chega à velhice, aumenta ainda mais a preocupação e o medo de morrer.

Segundo a filósofa existencialista Simone de Beauvoir, os melhores sermões sobre a morte são feitos por escritores ateus como: Camus, Sartre, P. Warren, Faulkner e por ela mesma, que se declarava profundamente ateia. Para ela, a morte humana é vista não como um fato natural, mas sim como um acidente e o fim de toda a existência. Concepção extremamente niilista sobre a morte e o morrer.

Não existe essa coisa de morte natural: nada do que acontece sempre a um homem é sempre natural, pois a presença dele questiona o mundo. Todos os homens devem morrer: mas para todo homem sua morte é um acidente e, mesmo que ele a conheça e nela consinta, é uma violação injustificável (BEAUVOIR, 2009 *apud* BOWKER, 1995, p. 44). Eis o que Simone de Beauvoir escreve, depois da passagem, na qual, ela relata ter abandonado Deus, isto é, ter-se declarado uma mulher sem fé e sem religião. A angústia, o medo, a solidão, a depressão, o desespero, o vazio e o silêncio tomaram conta de si mesma.

> De repente tudo se calava. Que silêncio! A terra girava num espaço que olhar algum penetrava. Sobre tudo isso, nem mais um olhar divino. E, perdida em sua superfície imensa, no meio do cego éter, eu estava sozinha. Pela primeira vez compreendia o sentido terrível dessa palavra; sozinha. Nunca a minha morte e a morte dos outros me preocuparam de maneira tão obcecante como durante esses anos. A morte apavorou- e a partir do instante em que compreendi que eu era mortal. A morte descia sobre mim. Eu iria escorregar para o outro lado do mundo, para uma região que não

reflete nunca a luz. Deixando-me deslizar numa espécie de abandono ao fundo do nada. E talvez essa morte que me terá amedrontado a vida inteira. Uma tarde em Paris, tive a sensação de estar condenada à morte. Estava inteiramente só em meu apartamento, e não consegui controlar meu desespero. Como é que os outros fazem? Como farei eu? Parecia-me impossível viver a vida toda com o coração torturado pelo horror (BEAUVOIR, 2009, p. 386-387).

Essa obsessão pela morte reaparece periodicamente, pois Simone de Beauvoir em certos momentos fazia o exercício de realização da própria morte. Ela mesma escreveu que o homem não passa de um morto com prorrogação de vida. Ao assistir a morte do próprio pai, a quem muito amava e admirava, ela dizia que era uma partida para lugar algum, porque o seu pai não tinha fé, um retorno sereno para o nada absoluto, ao qual ela acabava de presenciar. Um regresso ao nada, dado que a vida tem origem no mundo inorgânico, então tende a retornar para a substância inorgânica: a vida tende para a morte e a morte tende para o niilismo.

2.3. Arthur Schopenhauer

Schopenhauer foi um filósofo alemão que tinha como marca singular o ceticismo, no que tange às questões vinculadas à vida e à morte. Esse filósofo de meados do século XIX é rigorosamente pessimista e ateu. Pode-se extrair de seu ateísmo consequências severas e puramente radicais, tais como:

> Se Deus não existe, a vida é absurda; de fato, vivemos, sofremos, fazemos esforços, tudo isso para acabar morrendo, ou seja, por nada. Nenhum paraíso, nenhuma recompensa nos espera. Ademais, a vida é essencialmente feita de sofrimento [...] logo, a vida não vale a pena ser vivida (SCHOPENHAUER, 2001, p. 47).

Logo, se pode considerar que na filosofia desse alemão nada existe após a morte. O último suspiro seria absolutamente o fim de toda a existência humana. De acordo com Schopenhauer (2001, p. 55), "a morte é meu fim absoluto; ou também não sou mais nada do que uma parte infinitamente pequena do mundo, assim também minha forma pessoal não é mais do que uma parcela igualmente pequena de meu ser verdadeiro". A morte significa a aniquilação absoluta do ser humano, isto é, a aniquilação do princípio vital ou desaparecimento completo do homem. Isso porque, o homem pelo nascimento, vem do nada; então, ele volta ao nada com a morte. Schopenhauer argumenta essas asserções da seguinte forma: quem considera o nascimento do homem o começo absoluto, a morte tem de ser o fim absoluto; pois os dois são aquilo que são no mesmo sentido. A morte é coisa séria, devido ao fato de a vida não ser uma brincadeira.

Por isso, seguindo o raciocínio do autor, conclui-se que o pior de todos os males e o mais pavoroso dos perigos que pode ameaçar a vida é a própria morte. Ela é o maior e o mais terrível medo que o ser humano carrega consigo. Esse medo do aniquilamento absoluto é inato do ser humano. Ele está relacionado ao *não-ser*, pois se o que faz temer a morte fosse a ideia do *não-ser,* então o próprio indivíduo deveria experimentar o mesmo temor diante do tempo em que ele próprio ainda não existia. Na verdade, segundo ele, o que se teme é a destruição do organismo; uma vez que este é a própria vontade de vida que se manifesta no corpo. Portanto, o medo da morte tem sua origem diretamente na própria vontade humana.

Para ele, explicações de que existe vida após a morte não passam de divagações do pensamento humano. Assim como ele, os que pensam dessa forma acreditam apenas naquilo que veem: o que se apresenta a sua frente é a morte nua e crua e absolutamente mais nada. Esse comportamento é encontrado no niilismo existencialista de Schopenhauer, autor do pujante e pungente *Dores do Mundo*, em que ele diz ser a morte algo destrutível. "O que o sono é para o indivíduo, a morte é para a espécie. Só a vontade é indestrutível" (SCHOPENHAUER, 2014, p. 52).

Ainda nessa mesma linha de raciocínio, veja uma passagem, na qual evidencia que para crer é preciso ver. É, portanto, uma visão puramente materialista. A experiência abaixo mostra a incredulidade de alguns cientistas acerca da existência de uma vida após a morte. Eles foram ao espaço para ver se existe, de fato, o paraíso que os padres preconizam, isto é, se há vida no paraíso. Contudo, sabe-se que a vida após a morte não pode ser comprovada empiricamente e tampouco cientificamente. Kruchov sentiu-se muito feliz pelo comentário que fez sobre o primeiro voo de Gagárin ao espaço em 1961:

> Quanto ao paraíso lá no céu, só ouvimos os padres falar. Mas, queríamos ver por nós mesmos com o que é que ele se parece. Por isso, enviamos para lá o nosso explorador Yuri Gagárin. Ele deu voltas ao redor do globo e não encontrou nada no espaço exterior a não ser escuridão completa, disse ele, e absolutamente nenhum jardim, nada que se parecesse com o paraíso. Demos o assunto por encerrado, mas decidimos enviar mais um explorador. Mandamos Herman Titov e lhe dissemos que desse outra volta, desta vez um

pouco mais longa, e procurasse ter uma boa visão – Gagárin só tinha ficado no espaço uma hora e meia e podia ter-se esquecido dele. O outro decolou, voltou e confirmou a mesma conclusão de Gagárin: não há nada lá em cima (BOWKER, 1995, p. 16).

Em outra obra do próprio autor intitulada como *O mundo como vontade e representações*, ele faz a seguinte asserção: "A morte é um sono de que o adormecido por esquecimento não foi despertado: tudo o mais permanece desperto" (SCHOPENHAUER, 1958, p. 34). Diante dessa citação, percebe-se que ele deixa bem evidente que existe vida enquanto presente aqui e agora, ou seja, a morte é o fim de tudo, é a destruição de toda a realidade humana. Portanto, não há nenhuma possibilidade de vida após a morte. Schopenhauer continua dizendo que há dogmas que falam das provas da vida após a morte, porém essas são insuficientes.

O dogma duma continuação qualquer do indivíduo depois da morte sempre existiu, e foi tido em grande consideração junto de todos os povos, ainda que as provas sobre as quais se apoiem devam ter sido muito insuficientes, enquanto as da tese contrária são fortes e inumeráveis.

Para abordar a discussão da morte em Schopenhauer é necessário esclarecer esta pergunta: o que é a vida humana? Para ele, a vida humana é um erro, e a existência em si não tem nenhum valor. A vida só tem sentido se for espiada de longe, isto é, superficialmente, pois o indivíduo que quiser aprofundar para conhecê-la irá perceber que ela é totalmente desprovida de sentido e de beleza. Para o filósofo, se a dor não existisse o homem morreria de tédio, pois conseguiria as coisas com muita facilidade. Por conseguinte, a vida é matéria e essa matéria é estruturada de vontade, enquanto que a vontade é cheia de necessidades e ilusões. Então, o que é a morte para Schopenhauer? Ela nada mais é do que uma cura para os males da vida. Se a vida é um erro, a morte é uma solução e uma necessidade, pois aniquila a individualidade do ser humano.

Para o filósofo, a morte é algo muito difícil, pois só se pensa sobre a vida, isto é, de nascer ou até mesmo quando está para nascer. Da mesma forma, ninguém pensa e reflete a sua própria morte. Ele afirma que nem aquele que comete o suicídio pensa a própria morte: ele não quer morrer. Ele quer a vida. Na verdade, ele se suicida porque está com uma angústia profunda e descontente das contradições que a vida lhe oferece. "Destruindo o corpo não renuncia ao querer viver, mas unicamente ao viver" (SCHOPENHAUER, 1958, p. 181).

Na verdade, o que uma pessoa denominada suicida procura é tentar fugir dos próprios problemas, pensando que a morte é a melhor solução. Ele quer se livrar de uma vida que para ele está insuportável porque não condiz com aquela que ele desejaria viver. Porém, o suicídio não soluciona o problema em si, mesmo com o perecimento do corpo. A vida não é um espaçoentre dois nadas. Nascimento e morte são conceitos que, para ele, só fazem sentido no mundo como representação. A causa do sofrimento não desaparece, por isso ele mesmo conclui dizendo que o sofrimento também não.

> Aquele a quem o fardo da vida pesa, que amaria sem dúvida a vida e que nela se mantém, mas maldizendo as dores, e que está cansado de aguentar a triste sorte que lhe coube em herança, não pode esperar da morte a sua libertação, não pode libertar- se pelo suicídio: é graças a uma ilusão que o sombrio e frio Orco lhe pareça a porto,o lugar de repouso. A terra roda, passa da luz às trevas; o indivíduo morre; mas o solo, esse, brilha com um esplendor interrupto, num eterno meio dia [...] o suicídio nos aparece, pois como um ato inútil, insensato (SCHOPENHAUER, 2000 *apud* SALVIANO, 2005, p. 86).

Grande parte do empenho filosófico de Schopenhauer foi alimentado pelo desejo de encontrar a saída para a infelicidade. Segundo ele, essa saída é encontrada no fenômeno da negação da vontade. Então, poder-se-ia pensar que o suicídio seria o recurso apresentado pela ética? A tendência máxima do ser humano é fugir da morte porque todo ser tende à vida. Segundo Freud, o ser humano só fala na morte para negá-la. Pensar a morte é questionar a transcendência desta vida e o pós-morte, isto é, o desconhecido pela razão humana.

2.4. O Medo da Morte

Schopenhauer aborda a problemática da morte como um elemento fundante para a filosofia. Dizia o filósofo que a morte é a musa inspiradora de toda a filosofia: filosofar é se preparar para a morte. O fato de o ser humano ter o conhecimento de sua existência e a percepção de sua finitude é o que leva a temê-la. Segundo ele, o suicida entende que precisa morrer, pois é necessário que ele morra para que a vontade seja cumprida. O medo da morte está no fato de o ser humano pensar na sua própria finitude, enquanto que os outros continuarão a existir.

> De fato, o temor da morte é independente de todo conhecimento: pois o animal o possui, embora não conheça a morte. Tudo o que nasce já o traz consigo ao mundo. Esse temor da morte a priori é,

entretanto, justamente apenas o reverso da Vontade de vida, que nós todos somos. Por isso, em cada animal, ao lado do cuidado com sua conservação, é inato o medo diante da própria destruição (SCHOPENHAUER, 2000, p. 62).

O medo da morte é intrínseco ao processo do desenvolvimento humano, porque se trata do desconhecido e do inesperado. Ou seja, uma angústia somada ao medo do fim último e de deixar tudo neste mundo. A maior de todas as angústias humanas é o medo de morrer, por isso o ser humano tem medo de perder um ente querido e ao mesmo tempo é capaz de desejar a morte para o inimigo. A ideia do não ser, do não existir mais, causa um grande desconforto na pessoa, que acaba criando alguns mecanismos de defesa, querendo fugir de sua própria realidade de morte. Temer a morte seria uma estupidez humana, tendo em vista o valor incerto da vida. De acordo com ele, este medo chega a ser zombaria, pois é uma preocupação com tão breve espaço de tempo, visto que a vida é curta demais.

A morte é vista para Schopenhauer como um ponto de partida para a filosofia, como ele próprio evidencia na sua obra *A metafísica da morte*. É, portanto, o conhecimento da própria existência e a percepção de que o homem é finito o torna temente à morte. Na verdade, chegará um dia em que toda a matéria terá um fim. Quando se pensa na finitude, gera uma angústia que é somada ao medo da extinção, isto é, de deixar pra trás tudo o que foi construído. É o medo do isolamento, do ficar sozinho, do sofrer, do envelhecer e do morrer. Ter certeza da finitude força o ser humano a viver, a se relacionar, criar e construir coisas para garantir que ele não seja esquecido. Por isso, algumas pesquisas comprovam que as pessoas que praticam uma fé religiosa possuem menos medo da morte, comprovando assim que a fé seria uma forma de superar o terror do morrer.

Os animais não sabem que irão morrer, mas o ser humano tem consciência de que mais cedo ou mais tarde sua morte chegará. Assim, a racionalidade faz com que ele tenha medo dessa única certeza que acometerá a todos: todo homem é mortal. O medo da morte é independente do conhecimento e, portanto, instintivo e presente também nos animais. Os animais não conhecem a morte, porém a temem, e ela revela o instinto que eles têm para a sobrevivência. O fato de os animais tentarem fugir da morte demonstra que eles querem viver.

A morte é a única certeza do ser humano, isso significa afirmar que toda a matéria terá um fim. Ao contrário dele, o animal não tem consciência de sua finitude. "O animal vive sem conhecimento verdadeiro da morte, por isso o indivíduo animal goza imediatamente de todo caráter imperecível da espécie. Com a razão, apareceu, necessariamente entre os homens, a certeza assustadora da morte." (SCHOPENHAUER, 2000, p. 59). Os animais não sabem que inevitavelmente irão morrer, porém, o homem sendo racional, sabe que mais cedo ou mais tarde sua morte chegará. Destarte, a própria razão faz com que ele tenha medo da única certeza: a morte. Sabe-se que para suavizar esse medo, ao longo da história da humanidade, há várias explicações metafísicas e religiosas.

2.5. Considerações Finais

Pensar e refletir a morte pode ajudar a aceitá-la e perceber que é uma experiência tão importante e valiosa como qualquer outra. De acordo com Ariès (2003, p. 127), "a morte é um tema presente: a ideia da morte e o medo que ela inspira perseguem o animal humano como nenhuma outra coisa, representando, em realidade, uma proposição universal da condição humana". A vida, por muitas vezes, exige que o ser humano seja sábio para que a morte ocorra quando a vida precisa sair. Pensar na finitude é uma possibilidade de despedida materialista, mas não necessariamente uma despedida espiritual.

A morte não é privilégio da juventude tampouco da velhice, porque se morre em qualquer idade. É nesse momento que a morte aparece como uma possibilidade pessoal. "Sinto que a vida se amplia e enriquece sempre, mesmo após os 60 anos de idade, com estreitamento da velhice e da doença pelo cansaço de não poder realizar longas viagens, que atinge cada um de nós como um leve avanço para a morte" (BEAUVOIR, 1982, p. 580). Pode-se considerar a morte como sendo uma das maiores crises que o ser humano enfrenta na contemporaneidade.

Tendo apresentado as concepções de morte na filosofia de Beauvoir e Schopenhauer, conclui-se que os seus argumentos podem ajudar o ser humano a melhor compreender e aceitar a morte como algo que faz parte do seu ciclo de vida. Acredita-se que este artigo deve aguçar nos indivíduos a vontade de discutir e refletir sobre a morte. Ao finalizar esta pesquisa bibliográfica e científica propõe-se que, a partir deste estudo sobre a morte, a vida se torne mais leve e bem aproveitada em todas as suas dimensões.

Conclui-se com o pensamento do filósofo niilista Schopenhauer: a filosofia é filha da morte. A morte é o gênio inspirador e a musa de toda a filosofia. Sem a morte, dificilmente o ser humano teria filosofado. Assim também, pode se inferir que a morte é fonte de pesquisa científica. Parafraseando o autor, pode-se afirmar que a morte foi a grande musa inspiradora para a escrita deste artigo. Considera-se que pesquisar e refletir sobre a morte pode ajudar na superação do medo da finitude e torná-la mais familiar e menos ameaçadora.

3. A CONCEPÇÃO DA MORTE NO EXISTENCIALISMO DE HEIDEGGER E SARTRE

3.1. Introdução

A contextualização histórica do artigo se pauta na Idade Contemporânea, fundamentada na filosofia existencialista de cunho niilista Heidegger e Sartre. O método de pesquisa para a elaboração do trabalho tem como finalidade fazer uma abordagem crítica e qualitativa, por meio de uma pesquisa bibliográfica básica, estratégica com o objetivo de avançar no desenvolvimento do conhecimento científico. Portanto, é um método descritivo de pesquisa, cujo objetivo é analisar e refletir criticamente a teoria filosófica existencialista destes filósofos, no que se refere à problemática da morte que é o objeto de estudo deste artigo. A fonte de pesquisa é secundária baseada e fundamentada em grandes filósofos e pensadores referentes à morte, segundo o existencialismo de cunho niilista. É uma pesquisa qualitativa com procedimento bibliográfico que apresenta e analisa os resultados criticamente, pelo método hipotético dedutivo que é o mais utilizado em trabalho científico descritivo.

A escolha do tema do artigo surgiu através da observação de uma brusca mudança no comportamento do ser humano frente a sua própria morte ou da morte do outro. É preciso pensar como Morin (1970, p. 29): "É impossível conhecer o homem sem lhe estudar a morte, porque talvez mais do que a vida, é na morte que o homem se revela". Ela é parte integrante da vida humana, é intrínseca à sua existência. É possível pensar que a melhor forma de entender o medo da morte, gerador de angústia, é refletir de forma crítica e existencial sobre a morte como parte integrante à vida para promover uma futura transformação no ser humano.

A morte pode ser tratada como um tabu, porém a melhor forma de refletir existencialmente sobre ela é aceitá-la, porque, como diz o Heidegger, o homem é um ser que caminha para a sua única certeza: a própria morte. A pesquisa convida o leitor a refletir filosoficamente sobre a morte, pois a proposta aqui não é partir do pressuposto de negá-la, e sim de aceitá-la como um fenômeno natural.

O objetivo desta pesquisa científica é analisar, refletir e apresentar reflexões filosóficas sobre a morte na filosofia existencialista. Nesta corrente, analisa-se de forma crítica a teoria dos filósofos de tendência niilista: Heidegger e Sartre. Como estes pensadores concebem e refletem sobre a problemática da morte? Estes filósofos afirmam que a morte é o fim de toda existência, não há nenhuma possibilidade de sobrevivência após a morte. Na teoria deles, quando morre, são apenas os átomos que se separam, é a decomposição de todo o ser na sua totalidade. A morte é o fim de toda a realidade humana, nada do ser enquanto ser sobreviverá após a morte. Nesta perspectiva, a morte representa apenas o término de uma das inúmeras vidas existentes no Planeta. A morte é um fato que não encerra nada, além de uma escuridão absoluta. Ela reduz o homem ao nada absoluto, tudo acaba com a morte, o último suspiro será o fim de tudo. A morte significa a aniquilação absoluta do princípio vital humano.

Heidegger é o filósofo que definiu o homem como um ser para a morte, e esta é uma possibilidade ontológica do ser. Segundo ele, o que caracteriza o homem é o ser para a morte. Isto significa que dentre as diversas possibilidades humanas, há uma que representa a possibilidade da impossibilidade quando esta ocorre, todas as demais possibilidades ficam excluídas. Das possibilidades do ser, a morte é a mais pessoal e intransferível porque o homem é um ser para a morte. Ela é uma possibilidade privilegiada para o homem, enquanto presença no mundo.

O pensamento existencialista de Sartre é a filosofia da total liberdade do homem. Logo, o homem é o responsável pela construção de sua existência e essência. Há historiadores que afirmam certas semelhanças entre a filosofia de Heidegger e Sartre. No artigo, porém, o leitor irá perceber que há vários pontos referentes à morte em que Sartre diverge do pensamento heideggeriano. No que tange à morte, Sartre opõe-se a Heidegger. Sartre considera a morte como uma porta ao nada da realidade humana. Portanto, a morte retira todo significado à vida porque é a nadificação dos projetos existenciais, é a certeza de que um nada absoluto aguarda o homem, no pós-morte.

3.2. A morte do ponto de vista filosófico-niilista

Para melhor compreender a discussão sobre a morte na concepção niilista proposto neste artigo é necessário definir o termo niilismo, ou seja, o seu real significado e a sua representatividade defendida por vários pensadores modernos e contemporâneos. Veja a definição no dicionário de filosofa, segundo Japiassú; Marcondes, (2001, p. 140): "Niilismo (do latim *"nihl"*, que significa nada), significa redução ao nada absoluto, não existência, aniquilamento. É doutrina filosófica que nega a existência do absoluto, quer como verdade, quer como valor ético". Segundo Martin Heidegger, o termo foi empregado pela primeira vez em 1799, pelo filósofo Friedrich Heinrich Jacobi.

Sabe-se que o fenômeno do niilismo teve suas raízes em períodos remotos da história da filosofia, porém é no pós-kantismo que ele começa a ser sistematicamente teorizado como discurso filosófico propriamente dito. É nesse contexto que ele é usado pela primeira vez.

Para Nietzsche, a essência do niilismo está na morte de Deus e nas consequências dessa morte. Segundo este filósofo, o Deus que está morto é o Deus dos cristãos, que representa não só a figura histórica de Cristo, mas o mundo suprassensível em geral, isto é, os princípios e os fins que estão acima do mundo terreno. O problema do niilismo em Schopenhauer parece, a princípio, necessariamente que está ligado à crítica nietzschiana. Esta aparente necessidade de recorrer ao filósofo Nietzsche se deve a dois fatores básicos: em primeiro lugar pela importância que o conceito irá adquirir na história da filosofia a partir do pensamento do autor de Zaratustra; e em segundo lugar devido à constatação de que o termo niilismo está completamente ausente nos escritos de Schopenhauer.

Segundo o grande pensador Martin Heidegger, Sartre e outros filósofos da tendência niilista a morte é o fim total do homem e de toda a sua realidade psicossomática A dialética entre vida e morte tem sido a principal preocupação do homem e a base de sua angústia existencial. Na concepção niilista, na morte do ser humano, tudo desaparece, sem a menor possibilidade de sobrevivência após a morte, ou seja, admite em si somente a matéria; esquecendo-se a outra parte de si próprio. De acordo com Bayard (1996, p. 255), "o corpo volta ao pó, e a alma se dissolve no mundo cósmico, no absoluto do nada". Por esta razão, a finitude do homem moderno-contemporâneo causa-lhe uma tamanha e profunda angústia existencial. Na verdade, Heidegger e Sartre sempre estiveram preocupados com a vida e a existência humana. Por isso, pode-se constatar que em seus diversos escritos, estes pensadores fizeram reflexões sobre a morte. Estes filósofos, assim como outros, concluíram que, à medida que se toma consciência da própria mortalidade, deve-se valorizar a vida e viver intensamente cada minuto e cada segundo, pois cada minuto vivido é um minuto a menos e não um minuto a mais. Porque muitos pensadores entendem que o morrer inicia-se de fato com o nascimento. Assim, quando o bebê abandona o útero materno e começa a enfrentar a dura realidade existencial, já tem a idade suficiente para morrer. Deste modo, a infância morre com a adolescência, a fase adolescente morre com a juventude e esta morre com a maturidade, fase que naturalmente é substituída pela velhice.

Consequentemente, o único futuro certo que o ser humano possui é a morte. A própria psicologia assegura que desde criança já se sabe que a morte é um fenômeno inescapável. Conforme Kastenbaum e Aisemberg (1983, p. 21), "a criança de nove ou dez anos de idade sabe que todos no mundo morrerão". Ou seja, ela tem a consciência da própria morte, por isso quanto mais o ser humano for consciente dessa realidade mortífera, mais aprenderá a viver com maior intensidade o momento presente, buscando assim:

> A plena realidade da situação de estar no mundo, sendo parte efetiva dele. Conviver diariamente (presente) com a morte (futuro) permite que as manhãs, as tardes e as noites, sejam momentos de busca do aperfeiçoamento. As voltas dos ponteiros do relógio sinalizam a passagem do tempo (GOLDBERG; D'AMBRÓSIO, 1992, p. 69-70).

Sabe-se que só é possível falar em morte dentro do espaço-temporal, uma vez que, o homem existe apenas no tempo. Convicto disto, o filósofo Schopenhauer transmitia a ideia de que o ser humano é o único animal capaz de refletir sobre o trinômio passado, presente e futuro. Seguindo este raciocínio lógico, sabe-se que os segundos dentro deste espaço e tempo, existem para todos, independentes de qualquer raça, cultura, língua ou povos. Contudo, é a maneira de aproveitá-los que diferencia os seres humanos, permitindo que alguns tenham a percepção de como construiu no passado, o seu presente, ponte para o futuro. Desta forma, é necessário viver com intensidade o tempo presente e aproveitá-lo ao máximo possível sempre com o horizonte para o futuro.

Na vertente niilista, a morte humana representa apenas o término de uma das múltiplas vidas que ocupam o planeta. Para quem pensa desta forma, a morte é apenas um ponto final, ou seja, ela não altera nada no modo de pensar e agir humano. Steiger (1998, p. 137) afirma que: "a morte não encerra nada, além de uma escuridão absoluta". Portanto, após à morte, não existe mais forma de vida; a morte é apenas um descanso das preocupações da vida. Seria o mesmo que afirmar que a morte destrói toda a tridimensionalidade do ser humano: corpo, alma e espírito.

Muitas pessoas alimentaram e ainda alimentam nos dias hodiernos que nada existe depois da morte. Sustentar este pensamento é ser desde já materialista, isto é, existe somente o que se pode ver ou tocar, o que se pode provar cientificamente. Bertrand Russell afirmou diretamente. Desta maneira, acredita-se que quando o ser humano morrer, ele irá apodrecer e nada do seu ego sobreviverá.

> Qualquer animal, planta ou homem acrescenta à natureza um acúmulo composto que se transforma em adubo, sem o qual nada poderia crescer; nada poderia ser criado. A morte é simplesmente parte desse processo. Toda a morte, também a morte mais cruel,

mergulha na total indiferença da natureza. E a própria natureza iria observar imóvel se destruíssemos a raça humana inteira (BOWKER, 1995, p. 20).

3.3. Heidegger

Segundo Heidegger, o simples fato de ser chamado à morte, mas num momento que não se é dado a conhecer, marca toda a vida. Pois, ele afirma que a morte é como um ponto que finaliza toda a frase. Heidegger pertence à corrente existencialista, cujos temas de reflexão giram em torno do homem e da realidade humana (homem, liberdade, realidade individual e existência humana). Contudo, Heidegger é o filósofo mais alheio a essa perspectiva. Após ler este pensador, percebe-se claramente que o problema fundamental da filosofia é o ontológico, isto é, o problema do ser enquanto ser; e assim, o problema do homem fica subordinado a este problema. Ao descrever o existente que é o homem, ele observa que sua essência consiste em existir, pois esta é a determinação fundamental do que ele chama *Dasein* (das in-der-welt-sein, o estar no mundo).

Para os filósofos existencialistas, o homem não é um mero objeto. É um sujeito no mundo e aberto ao mesmo. Nesta perspectiva, é a existência do ser humano, como ser livre, que define a sua essência e não a essência humana que determina a sua existência, ou seja, o homem cria a si mesmo.

A filosofia existencialista, mais precisamente a heideggeriana define o homem como *'ser para a morte'*. Neste sentido, a morte é um horizonte que confina todo agir humano, cada ente querido que morra machuca a vida. Desta forma, se pode dizer que mais opressora que a morte física é a morte existencial.

> Esse coeficiente de limitações que onera todas as nossas ações. A cada momento, experimentamos que nossas realizações ficam muito aquém de nossas possibilidades, nossas conquistas nunca atingem nossos anseios. O homem é uma existência que precede a essência. É um projeto que nunca se consuma. Um abismo que nunca se plenifica. É uma ânfora sem fundo perpetuamente aberto. É uma eterna inspiração insatisfeita de uma eterna beleza mais perfeita que define o sentido de viver (TERRA, 1995, p. 58).

Por conseguinte, considera-se que é exatamente essa tensão entre vida e morte que define existencialmente o homem. Ele é a única criatura racional capaz de problematizar a morte como dimensão existencial do ser. Seguindo a lógica humana e o pensamento de Heidegger, o homem é um ser para a morte, um ser para a finitude, da qual não se tem volta. Desta realidade iminente, ninguém se escapa porque quando se nasce já se tem a idade suficiente para morrer. No decorrer da história da filosofia, muitos pensadores trataram explicitamente a respeito da morte, ou seja, a discussão sobre a morte está na raiz de toda cultura e nação, mesmo quando não se discute diretamente sobre ela. A morte se situa no horizonte de toda a reflexão filosófica. O filósofo Montaigne dizia que filosofar é aprender a morrer. Se a filosofia é uma das formas da transcendência humana pela qual se reflete a respeito da existência, a discussão sobre ela não lhe pode ser estranha. A morte como parte da vida é, de fato, ponto de partida para a construção de uma teoria filosófica.

Ao percorrer a história da filosofia, constata-se que o filósofo Heidegger é quem transmitiu como legado que o homem é um ser para a morte e que esta é uma possibilidade ontológica do ser. Segundo ele, a morte é uma possibilidade privilegiada para o homem, enquanto presença neste mundo. Pela sua racionalidade, o homem é o único ser que sabe de si mesmo, que sabe que é presente neste mundo e que tem consciência de sua própria existência. Por conseguinte, ele conhece a si mesmo como um ser que caminha para um fim existencial, isto é, ele sabe que é um ser que caminha para a morte.

> A morte é uma possibilidade ontológica que a própria presença é impendente em seu poder ser mais. Nessa possibilidade, o que está em jogo para a presença é pura c simplesmente seu ser no mundo. Sua morte é a possibilidade de poder não mais estar presente (HEIDEGGER, 1989, p. 170).

Para ele, é através da essência ontológica que se determina a essência da morte, ou seja, a morte humana é um caminho para a descoberta do ser. Ela pertence à estrutura fundamental do ser humano, não é uma possibilidade distante, contudo presente; o homem está sempre nesta possibilidade. Todo ser humano nasce condenado a morrer. É a única coisa que nem o dinheiro, nem o poder poderão desviar. Poder-se-ão, às vezes, adiá-la; porém, a sua chegada antes ou depois é certa; é inelutável tanto para os poderosos como para os miseráveis. Na morte, o homem conquista a totalidade da sua vida. Enquanto ela não chega, falta ainda ao homem algo que ele pode ser: o fim. O homem angustiado tenta esconder e rejeitar o caráter próprio do seu ser, isto é, a sua sujeição à morte. Segundo o pensamento Heideggeriano, a morte não vem de fora, ela é intrínseca à existência humana, por isso o homem começa a morrer no momento em que ele começa a viver. Portanto, toda a angústia do homem é a angústia da morte, pois dizer que a morte é o fim da vida significa dizer que a vida é um ser para o fim, ela é destinada à morte. O ser humano caminha para a morte passo a passo: morre a cada dia e a cada minuto.

O pessimismo diante da morte chegou à sua expressão mais forte no existencialismo. Para este, a angústia é uma forte presença na vida humana. E toda a angústia, de certa forma, está vinculada à angústia da morte. Afirmava Heidegger (1989, p. 172): "o arrepio da angústia corre incessantemente através do ser humano. O homem passa do nada para o nada e a vida presente não tem sentido; de onde se origina no existencialismo".

Heidegger dizia que só o homem autêntico enfrenta a angústia (que surge com o confronto do indivíduo com o nada) e assume a construção da sua vida. Por conseguinte, ele próprio assinala que só diante da morte é que o homem adquire um autêntico sentido do ser e da realidade humana. Pois, a vida do homem, ou o seu ser autêntico, é definido por seu ser para a morte (essa é uma das mais frequentes citações, porém a menos compreendida no pensamento moderno-contemporâneo). Segundo o pensamento dele, o homem inautêntico foge dessa angústia, refugia-se na impessoalidade, nega a transcendência e repete os gestos de todo o mundo nos atos cotidianos.

3.3.1 O homem é um ser para a morte

Assim, fala Heidegger (1989, p. 50): "o ser para a morte é essencialmente a angústia". A morte é a única certeza do *dasein*. A angústia não tem um objeto próprio, ela apenas surge do não ser. No pensamento de Heidegger, a angústia tem origem diversa da liberdade. Para ele, a angústia resulta da falta de precariedade da base da existência humana. A existência humana é algo temporário: está entre o seu nascimento e a morte, o homem experimenta a finitude da sua existência. Todas as coisas supérfluas, todas as entidades que o homem estava mergulhado, se afastam deixando-o livre para encontrar com a sua própria morte. O homem está à morte sempre, esta possibilidade de morrer está em potência próxima de morrer, está exposto à morte; e é justamente isso o que quer dizer *Sein Zum Tod*[2]. De acordo com Heidegger (1989, p. 179), "a morte é a maneira de ser que a realidade humana assume desde que passa a existir. Tão logo um homem começa a viver já é suficientemente velho para morrer". Este pensamento de Heidegger exprime bem a condição da existência humana: o homem é um ser que sabe que irá morrer, porque na sua perspectiva da morte, ela

---

[2] Estar aberto à morte, estar nessa possibilidade próxima, real e eficaz.

invade toda a existência humana. De todos os seres vivos, o homem é o único que pode simbolizar antecipadamente a sua própria morte, mesmo sabendo que ela lhe causa horror e não queira encarar nem mesmo sua perspectiva.

Para Heidegger (1989, p. 337), o ser-para-a-morte em si mesmo não pode fugir da possibilidade mais própria e fatal. A morte, enquanto possibilidade, está em um tempo para chegar, no qual, o passado é o fundamento ontológico para o futuro.

O ser para a morte é o ser da angústia; ela é indeterminada, por isso é uma ameaça. A morte é um aviso de que existe um fim em tudo o que se faz. Contudo, ela não é uma cessação da vida, e sim um modo de ser que afeta o *Dasein*[3] enquanto ser vivente. O seu fim é a morte: outro abismo do nada. Diante da morte do outro, a pessoa dialoga e pergunta a si mesma por que está no mundo para um dia findar-se? O fato de estar perto do morto não significa estar perto da morte. De acordo com as ideias de Heidegger, a morte é um fenômeno da vida. É através dela que o *Dasein* transcende os momentos mais difíceis da vida. Apenas o homem que se angustia por temer a morte, atinge a totalidade de seu ser no mundo.

Para os filósofos da existência, a morte é uma dimensão da completude do Ser-aí.[4] O *Dasein* ou o Ser-aí[5] chega à compreensão da sua totalidade e da significabilidade de si mesmo que é inseparável da integridade, quando o ser-aí se depara com a possibilidade de não-ser mais-aí. Seguindo o raciocínio de Heidegger (1989, p.187-189), o primeiro encontro com o fenômeno da terminabilidade do ser-aí se dá na presença da morte dos outros, porque ser é ser-sempre-com-os-outros. O ser para a morte de cada um é importante para o ser existindo no mundo e esta é uma condição

---

[3] *Dasein* é um dos termos essenciais em *Ser e Tempo*. Ele pode ser simplesmente definido como uma entidade que tem consciência do significado de sua própria existência. Em termos práticos, isso significa que o ser humano é Dasein, já que, sem dúvida, há outras formas de vida no planeta. Por exemplo, argumenta-se que nenhum outro animal enterra seus mortos. O *Dasein* é sem fundo, é abissal, na medida em que a fundamentação a que ele remete é pura possibilidade. A consciência que o *Dasein* tem de que vai morrer, de que pode falecer a qualquer momento, significa que o 'morrer', a atitude do *Dasein* com relação ao morrer ou o fato de 'estar a caminho de / caminhar para' sua própria morte impregna e molda toda a sua vida. Uma vida sem a perspectiva da morte seria uma vida de perpétuo adiamento. O Dasein é um ser para a morte. Heidegger usou esse termo para designar a existência própria do homem.

[4] Esse termo é usado no significado específico estabelecido por Heidegger, como ser do homem no mundo. Esse aí é o mundo concreto, cotidiano e, portanto, ser humano é estar imerso no mundo; ser-no- mundo é ser-com-os- outros.

[5] O termo alemão *Dasein* pode ser traduzido literalmente por ser-aí. Optou-se pelo uso da tradução literal para o Português e não pela expressão *'presença'* traduzida por Márcia de Sá Cavalcante da Editora Vozes.

intransferível. A compreensão do fenômeno da morte, como destino de cada um de nós, implica em assumir o discurso heideggeriano. A análise da morte é uma importante interpretação que Heidegger faz do Ser-aí, a morte não é um ponto final na existência, porém ela como possibilidade atravessa sua existência.

Heidegger afirma em sua obra Ser e Tempo que a morte é uma possibilidade ontológica, na qual, a presença sempre tem de assumir, isto é, analisa a morte humana como um caminho para a descoberta do ser.

> Se enquanto essa possibilidade, a presença é para si mesma, impendente, é porque depende plenamente de seu poder-ser mais próprio. Sendo impendente para si, nela se desfazem todas as remissões para outra presença. Essa possibilidade mais própria e irremissível é, ao mesmo tempo, a extrema. Enquanto poder-ser, a presença não é capaz de superar a possibilidade da impossibilidade da morte. A morte é, em última instância, a possibilidade da impossibilidade absoluta da presença. Desse modo, a morte desentranha-se como a possibilidade mais própria irremissível e insuperável. Como tal, ela é uma impendente privilegiada. Essa possibilidade existencial funda-se no fato de a presença estar, essencialmente, aberta para si mesma e isso no modo de preceder-a-si-mesma. Esse momento estrutural da cura possui sua concretude mais originária no ser-para-a-morte. O ser-para-o-fim se torna, fenomenalmente, mais claro como ser-para essa possibilidade privilegiada da presença (HEIDEGGER, 1989, p. 32-33).

Perante esta reflexão de Heidegger sobre a morte, nota-se que ele a considera como uma possibilidade da presença, na qual, o morrer humano é a presença para sua própria morte, ou seja, deixando-se de viver. A morte nada mais é do que uma extensão indefinida da existência do seu ser no mundo, onde o ser humano é apenas um projeto desse mundo para projetar-se como uma possibilidade inevitável. Portanto, para o homem contemporâneo, o seu ser no mundo é o ser que está em relação com o fim. Fim este que se inicia, de fato, no momento de sua própria existência.

Heidegger, profundamente preocupado com a questão do ser do homem, analisa a morte enquanto possibilidade concreta da existência humana. No pensar heideggeriano, a morte é a pedra angular da análise do homem enquanto ser-aí, pois qualquer tentativa para considerar a existência como um todo, se leva à morte. Das possibilidades do ser, a morte é a mais pessoal, a mais ímpar e intransferível, pois, o próprio ser do Ser-aí é um ser para a morte. É única possibilidade existencial que nenhuma escravidão pode tirar do homem, isto o leva a viver numa atitude de fuga constante da existência que é, fundamentalmente, uma existência para a morte. Defrontando-se com a morte como possibilidade que pode ocorrer a qualquer momento, o Ser-aí pode enfrentar-se com ela. Tendo diante de si a possibilidade da morte, possibilidade essa do seu lançamento no mundo, o Ser-aí está em angústia. O filósofo lembra que a angústia é assumir a proximidade do não ser potencial de seu próprio Ser.

Na cotidianidade do ser para a morte, o homem é capaz de conhecer sua presença no mundo e comportar-se com ela própria. Isso porque, a partir do momento em que o homem toma conhecimento da sua existência, ele confronta-se com a sua finitude, isto é, a sua própria morte. Ele tem consciência que sua existência é indeterminada e que somente será completa quando, de fato, vier a morte. Por isso, diz-se que ele é o único ser que está preparado para a morte, pois dentre todos os animais, ele é o único que faz uso da sua própria razão. Logo, ele tem consciência de sua própria morte. Essa consciência implica que o homem pode preparar-se para a morte, suportá-la e aceitá-la como um fenômeno natural e não como um acidente como afirma Simone de Beauvoir. Enquanto que, para os outros animais irracionais, a morte é apenas um processo biológico e puramente mecânico. Portanto, os animais irracionais não têm consciência da morte, pois só o homem é espírito, consciência pensante, vontade e liberdade. Conforme afirma Sciacca (1977, p. 224), "entre todos os seres viventes, somente o homem tem consciência de morrer (se ela lhe faltasse, o problema de sua imortalidade nem se quer surgiria); somente o homem morre, enquanto todos os outros seres perecem".

O homem em Heidegger é um ser para a morte, pois como já foi mencionado antes, o problema fundamental da filosofia é o problema do ser. Ao analisar o ser do homem no mundo, Heidegger diz que o homem ao desligar-se das curiosidades superficiais percebe-se que seu ser está dirigido à morte. É nesse sentido que se pode considerar o homem como ser para a morte.

O próprio fato de pensar na morte já determina o homem como um ser para a morte. Afirma Heidegger (1989, p. 36), "no domínio público, pensar na morte já é considerado um temor covarde, uma insegurança da presença e uma fuga sinistra do mundo. O impessoal não permite a coragem de assumir a angústia com a morte".

Na morte, o homem alcança o fim da sua totalidade, pois a morte significa não mais estar presente, o que Heidegger chama de 'não mais ser no mundo''. Por consequência, morrer significa sair do mundo para o nada, para lugar algum, porque com a morte tudo acaba. A morte é uma realidade que todos enfrentarão, pois ninguém duvida que se morre. Pois, a morte é um acontecimento natural que cada um deve enfrentar por conta própria. Ninguém pode assumir a morte do outro, ninguém é capaz de morrer a morte do outro. Cada indivíduo tem que morrer a sua própria morte. Heidegger diz que a morte não pode ser experenciada por outro; ela é pessoal e acontece dentro da existência de cada ser humano. Não há como escapar da morte ou transferir para o outro o ato do morrer. Por uma causa maior, o indivíduo pode morrer no lugar *de* outro; não no lugar *do* outro, porém isso não significa que o outro esteja livre da morte. A morte só acontece uma única vez na sua individualidade, porque o ser é para a morte. Portanto, ela é experimentada diariamente, minuto a minuto. A morte é a experiência mais intransferível do ser humano. Jamais, se pode experimentá-la de forma alheia. Por maior que seja o sofrimento diante da agonia de morte do outro, mesmo de uma pessoa que se ama, essa morte, ainda, não é a sua morte. A morte é o aniquilamento do ego, o extermínio total do indivíduo, por isso ele a teme e angustia-se perante ela.

> Ninguém pode assumir a morte do outro. De certo, pode-se morrer por outrem. No entanto, isso quer dizer sempre: sacrificar-se pelo outro numa coisa e causa determinada. Esse morrer, portanto, jamais pode significar que o ser-do outro lhe tenha sido, de alguma maneira retirada. Cada presença deve, ela mesma e cada vez, assumir sua própria morte. Na medida em que a morte é essencialmente e cada vez minha. É de fato, significa que uma possibilidade ontológica singular, na medida em que coloca totalmente em jogo o ser próprio de cada presença. No morrer evidencia-se que ontologicamente, a morte se constitui pela existência e por ser cada vez, minha (HEIDEGGER, 1989, p. 20).

O fenômeno da morte é interpretado como um ser para o fim, a partir da construção fundamental da presença. Por isso, a morte não é algo distante, mas ao contrário, é uma realidade iminente, pois ela pertence à estrutura fundamental do homem. Todos os dias, muitos passam pelo processo de morrer, porque a morte é um fenômeno natural que faz parte do quotidiano da existência humana. Neste sentido, o morrer deve ser compreendido e interpretado como um fenômeno natural, assim como o nascer, o crescer e o envelhecer. Desde sempre, estas realidades são inerentes à existência humana, porque todos os dias nascem e morrem pessoas.

> Esse ou aquele, próximo ou distante, morre. Desconhecidos morrem dia a dia, hora a hora. A morte vem ao encontro como um acontecimento conhecido, que ocorre dentro do mundo. Como tal,

ela permanece na não surpresa, característica de tudo aquilo que vem ao encontro na cotidianidade (HEIDEGGER, 1989, p. 35).

A vida humana, de certa forma, afirma uma espécie de certeza da morte. Por conseguinte, quando alguém diz ao moribundo que este escapará da morte, essa é apenas uma tentativa de tranquilizá-lo e consolá-lo, pois ele próprio sabe que seu organismo não tem mais resistência para sobreviver. Ele mesmo tem consciência de que a morte é uma realidade iminente e desta possibilidade mortífera, ele não se escapará.

Ao finalizar o pensamento do existencialista Heidegger, entende-se que o ser para a morte no sentido próprio do termo significa uma possibilidade existencial da presença. Na verdade, o ser para a morte é caracterizado como ser para uma possibilidade, ou melhor, para uma possibilidade da própria presença. Visto que, segundo Heidegger (1989, p.47), "a morte é a possibilidade mais própria da presença".

3.4. Sartre

Sartre é um expoente do existencialismo A ideia central de todo o pensamento existencialista é que a existência precede a essência. Isto significa que primeiramente o homem existe, se autodescobre, surge no mundo, depois se define como o ser enquanto ser. O indivíduo primeiramente existe e com o passar do tempo, ele adquire sua essência. Por conseguinte, a essência humana só aparece como decorrência da existência do homem. No existencialismo sartreano, a existência de Deus não é uma garantia de uma essência humana pré-definida, ou seja, o homem deve produzir sua própria essência. O homem em Sartre, primeiro é nada. Só a partir de sua existência é que ele vai modelar sua essência. Portanto, Deus não é absoluta transcendência, porque esta se dá no campo do fenômeno. O seu pensamento filosófico é a total liberdade do ser humano. Por ser livre e consciente, o homem é responsável pela construção de sua existência e essência.

Sartre foi um filósofo extremamente ateu. Com bastante humor, o próprio Sartre (1997, p. 675) disse: "sou maníaco de Deus, que via em toda a parte sua ausência e que não podia abrir a boca para pronunciar seu nome". Sartre proclamava com grande intensidade e prazer que Deus está morto. Para se certificar disso bem claramente, basta ouvir as velhas expressões do filósofo que não conseguia encontrar uma linguagem nova para afirmar o teísmo de seu ateísmo. O próprio Sartre (1997, p. 677) dizia "hoje Deus está morto, mesmo no coração do crente, e a arte torna-se uma antropodiceia; ele faz crer ao homem que o homem criou o mundo, apresenta-lhe sua obra e o justifica por tê-la feito".

3.4.1 O absurdo da morte em Sartre

A morte não apresenta nenhum significado para a vida humana. No pensamento filosófico de Sartre (1997, p. 661), "a morte jamais é aquilo que dá à vida seu sentido: pelo contrário, é aquilo que, por princípio, suprime da vida toda significação". É sobre a revelação histórica que a filosofia contemporânea construiu o edifício do absurdo. A história do absurdo se preparava também para a filosofia do absurdo. Infere-se, portanto, que a filosofia do absurdo e do nada faz uma espionagem desde cedo sobre todos os ateísmos existentes. Para chegar a essa conclusão, basta aceitar as exigências da própria lógica.

Os historiadores existencialistas costumam afirmar certas semelhanças que existem entre a filosofia heideggeriana e sartreana, entretanto há vários pontos em que Sartre separa-se radicalmente do pensamento de Heidegger. O sentido que a morte reveste ao homem é uma das questões que Sartre se opõe ao ponto de vista sustentado por Heidegger. O jogo de escamoteação utilizado por Heidegger, ao afirmar que a morte tem o poder de conferir individualidade do "ser-aí", é, portanto, segundo Sartre, fácil de detectar. Sartre questiona como ele pode provar que a morte possui esta individualidade e o poder de conferi-la. De acordo com Sartre (1997, p. 662), "certamente se a morte é descrita como minha morte, posso esperá-la; é uma possibilidade caracterizada e distinta. Porém, a morte que me atingirá será a minha morte?" Neste ponto, a crítica de Sartre provém sobre o pensamento filosófico de Heidegger que diz que a morte é uma coisa que ninguém pode fazer pelo outro. Segundo Sartre (1997, p. 654-655), "há evidente má fé nesse raciocínio, pois se considerar a morte como possibilidade última e subjetiva, acontecimento que não concerne ao Para-si, é evidente que ninguém pode morrer por mim". Daí, segue-se que nenhuma das possibilidades tomadas desse ponto de vista, pode ser projetada por outro. Por conseguinte, neste mesmo raciocínio, considera-se com absoluta convicção de que o amor, como tal, é como a morte: próprio, insubstituível e único. Conforme Sartre (1984, p. 8), "ninguém pode amar por mim".

A morte é um tema impossível de ser posto de lado. Deve-se debruçar sobre ela e trazê-la como ponto de reflexão filosófica e como objeto de pesquisa para a sociedade contemporânea. Por esta razão, ela é também objeto de atenção para os filósofos existencialistas. A morte tem sido sempre considerada, com ou sem razão, o final da vida humana. Por isso, era necessário que uma filosofia se preocupasse em tomar uma posição a respeito. Veja a concepção dos filósofos existencialistas niilistas sobre a morte.

> Considero a morte como uma porta aberta ao nada de realidade humana. Sendo esse nada, além disso, a cessação absoluta de ser ou a existência em uma forma não humana. Assim podemos dizer que – em correlação com as grandes teorias realistas houve uma concepção realista da morte, na medida em que esta apareceria como contato imediato com o não humano; com isso, a morte escapava ao homem; ao mesmo tempo, que o moldava com o absoluto não humano. A morte é o fim da vida; já não há outro lado da vida, e a morte é um fenômeno último da vida (SARTRE, 1997, p. 652).

Como já foi dito em Heidegger, a morte é a última possibilidade do ser humano. Na teoria sartreana, a morte é o fim de todas as possibilidades do homem, ela concretiza um retorno ao nada absoluto. A morte retira todo significado à vida, pois ela é a *'nadificação'* de todos os sonhos e projetos, a certeza de que um nada espera pelo ser humano, isto é, ela é uma dimensão do absurdo. Desta forma, quando a morte se aproxima, ninguém quer morrer. Segundo a visão existencialista, na morte, o homem passa do nada ao nada absoluto. A morte não pode ser captada como possibilidade, mas como *'nadificação'* de todas as possibilidades; *nadificação* esta, que não faz parte de nenhuma possibilidade existencial. Assim, a morte, em Sartre, não pode ser possibilidade própria, não pode sequer ser uma das possibilidades. Logo, Sartre (1997, p. 658) "afirma que a morte não é minha possibilidade de não mais realizar presença no mundo, mas uma nadificação sempre possível de meus possíveis, e que está fora de meus possíveis". A morte é encarada como nadificação dos projetos e dos atos humanos. Ela não dá significado à vida, ao contrário, é um acontecimento que lhe retira qualquer sentido.

> Com efeito, na medida em que é a nadificação sempre possível de meus possíveis, a morte está fora de minhas possibilidades, e, por conseguinte, eu não poderia esperá-la, ou seja, arremessar-se rumo a ela como se fosse rumo a uma de minhas possibilidades. Portanto, a morte não poderia pertencer à estrutura ontológica do Para-si. O Para-si surge como niilização do em-si e esta niilização se define como projeto para o em-si e entre o em-si niilizado e o em-si projetado, o para-si é nada. Assim o objeto e fim da

niilização que sou é o em-si. Logo, a realidade humana é o desejo do Ser-em-si (SARTRE, 1997, p. 667-668).

Assim, Sartre conclui contra Heidegger que a morte está longe de ser uma possibilidade própria, pois ela é um fato contingente e pertence à facticidade[6]. No entanto, a morte é um fato. Como o nascimento, ela chega de fora e transforma o homem em lado de fora, isto é, a morte vem ao humano do exterior. Ela revela o caráter absurdo da própria existência, porque interrompe todo o projeto existencial, toda a liberdade pessoal e todo o significado da vida. Neste sentido, é absurdo que se tenha nascido, é absurdo que se tenha que morrer, pois esse absurdo apresenta-se como diz Sartre (1997, p. 670) "alienação permanente de meu ser-possibilidade, que já não é mais minha possibilidade, mas a do outro. É, portanto, um limite externo e de fato de minha subjetividade!".

A sabedoria cristã recomenda que se deva preparar para a morte, como se esta pudesse sobrevir a qualquer hora. Sartre opõe-se completamente a esta asserção dizendo que isso são conselhos mais fáceis de dar do que de ser seguido. Pois, diante da morte, nada se pode fazer. Neste sentido, torna-se praticamente impossível preparar-se para a morte e assumi-la como parte integrante do projeto de vida. No máximo, o que se pode fazer é esperar determinada forma de morrer (suicídio, martírio e enfermidade), mas não a morte como tal. Ele nega à morte um espaço na existência humana e insiste em acentuar o absurdo da morte. Na concepção de Sartre (1997, p. 67), "a morte não é uma experiência minha, mais que as outras. Além disso, a morte não pode, de jeito nenhum, ser esperada. Porque ela não é senão a revelação da absurdidade de toda a espera, mesmo justamente da espera dela mesma". No pensamento sartreano, a morte de forma alguma pode ser esperada, a não ser que o indivíduo esteja condenado à morte; aí sim, ela virá iminentemente. No entanto, em primeiro lugar, é necessário distinguir dois sentidos do verbo esperar[7]. Para Sartre (1997, p. 656), "expectar a morte não é esperar a morte". Por consequência, de fato, o homem tem todas as chances de morrer antes de ter cumprido sua própria tarefa, ou ao contrário, de sobreviver a esta.

Na linguagem sartreana, só se espera um acontecimento determinado, em vias de realizar-se por um processo também determinado. Segundo ele, pode-se esperar a chegada do trem de Chartres, pois ele sabe que este saiu da estação de Chartres e que a

---

[6] No existencialismo sartreano, conjunto de circunstâncias factuais, cuja absoluta contingência dissolve as verdades e as fundamentações ordinárias para a existência humana, o que determina por conduzi-la à liberdade.

[7] Sartre distingue a voz reflexiva da não reflexiva do verbo attendre. Traduzimos attendre por esperar s'attendre à por expectar (estar na expectativa).

qualquer momento poderá chegar à estação de Paris.

O trem poderá atrasar-se, contudo o processo continua em andamento, ou seja, está prestes a se realizar. Pode-se também esperar ansiosamente a chegada da magnífica primavera: um fenômeno que se repete a cada ano. Ao contrário, a morte não pode ser prevista, pois ela pertence a um acontecimento totalmente fortuito e imprevisto, portanto, a morte é inesperada. Diz Sartre (1997, p. 656), "minha morte não poderia ser prevista para nenhuma data, nem, consequentemente, ser esperada". A morte não pode ser esperada, isto é, ser antecipada intencionalmente e assumida como parte de um projeto pessoal como pensava Heidegger. Pois, é característica da morte sobrevir antecipadamente ou com atraso à data fixada. Para Sartre (1997, p. 657), "morre-se sempre demasiadamente cedo ou demasiadamente tarde". Se o indivíduo for convocado para uma guerra poderá considerar próxima a sua morte, isto é, admitir que as chances de morte aumentem consideravelmente, tornando-se uma realidade iminente. Agora, se houver um acordo entre os países em conflito, dirá o filósofo, desse modo, não se pode falar que o minuto que se passa esteja aproximando o homem da morte.

Ao encerrar a concepção de morte no pensamento filosófico sartreano, considera-se que ele próprio sintetiza as suas ideias filosóficas sobre a morte, da seguinte forma:

> A morte não é de modo algum uma estrutura ontológica do meu ser, pelo menos enquanto este é Para-si; somente o outro é mortal em seu ser. Não há lugar algum para a morte no seu ser Para-si, não pode nem esperá-la, nem realizá-la, nem projetar-se para ela: a morte não é de maneira alguma o fundamento de sua finitude, e de modo geral, não pode nem ser fundada interiormente como projeto da liberdade original, nem ser recebida de fora como uma qualidade pelo para-si. O que é então a morte? Nada mais que certo aspecto da facticidade e do ser- para-os-outros, isto é, nada mais que algo dado (SARTRE, 1997, p. 658).

No que tange à Morte, Sartre argumenta em toda a sua teoria filosófica que ela é um fenômeno individual, ou seja, ninguém pode experimentá-la no lugar de outra pessoa. Porém, ninguém sabe a hora de sua finitude, esta é uma crítica que o filósofo faz ao cristianismo. Nesta perspectiva, pode-se inferir que cada indivíduo deve esforçar-se para viver autenticamente, para que, quando a morte chegar, ela seja menos absurda e assim não viver na angústia, mas em uma aceitação de que o ser humano é totalmente livre para morrer.

3.5. Considerações finais

Neste artigo, fez-se uma reflexão filosófica sobre a morte na concepção niilista e conclui-se que estes filósofos contribuíram efetivamente para melhor compreender, aceitar e conviver com a iminente morte. A pesquisa foi apenas um pequeno ensaio sobre a discussão da morte, visto que se entende a morte como a língua materna, aprende a conhecê-la na vivência do quotidiano e na reflexão científica sobre o que os pensadores disseram sobre ela.

A pesquisa contribuiu para repensar e valorizar a própria vida e a do outro, visto que a morte é inerente à vida e indissociável à existência humana. É impossível refletir sobre a vida sem refletir sobre a morte. Logo, é verdade que não se pode compreender inteiramente a vida, enquanto não desvendar a problemática da morte. Metaforicamente dizendo é preciso tornar-se amigo da morte, porque ela é um fenômeno natural, assim como o nascer e o envelhecer.

Heidegger abordou a questão da morte como objeto da filosofia, definindo a vida e o homem como um ser para a morte. Ao nascer já se tem a idade suficiente para morrer, nasce para morrer e para mais nada. Após o nascimento, cada dia que se passa, se aproxima inexoravelmente um pouco mais da realidade da morte. Depois de uma reflexão sobre o ser humano, a filosofia existencialista de vertente niilista chegou à conclusão de que a morte é um retorno absurdamente ao nada.

Para muitas pessoas, a morte é um tabu e gera angústia, porém este não é o caminho, uma vez que ela é inevitável. Então, cada um, na sua individualidade deve refletir sobre o seu morrer para romper com este tabu, angústia e medo da morte. É interessante a reflexão de Sartre sobre a morte, porque ele fala que ela é um fenômeno individual. O homem é condicionalmente livre: quando ele nasce, ele não é nada, e quando morre, ele retorna ao nada absoluto. A morte é a nadificação da vida, morrer significa ter a certeza do retorno ao nada. É uma visão pessimista, pois é uma negação da vida e da própria existência. A morte se torna um fenômeno absurdo, porque ninguém pode escolher não morrer, ou continuar a viver. Assim, todos os projetos devem ser realizados sem frustrações, ainda que se tenha a certeza da morte e da própria finitude.

A morte é limitadora, temporal e angustiante. Porém é ela que impulsiona a lutar pela realização dos projetos de vida. Embora, ela nos separe dos objetos de afeto, nos ensina também a percepção do outro e consequentemente de si mesmo. Logo, a morte ensina como se deve viver. Considera-se que só se pode viver intensamente e gozar da vida se tomar consciência de que o homem é finito e mortal, pois ser mortal é condição da própria existência humana. De fato, a morte é a única e verdadeira certeza de que o ser humano possui em sua existência.

4. A CONCEPÇÃO DA MORTE NA FILOSOFIA CRISTÃ

4.1. Introdução

O presente artigo não tem a pretensão de trazer respostas prontas e definitivas, mas problematizar a questão da morte, tendo como base o pensamento de filósofos e pensadores cristãos. Sabe-se que todo ser humano tem a certeza de que um dia irá morrer, pois a morte é inerente à existência humana. Neste sentido, existem duas certezas referentes à morte: a de que ela é inevitável e a de que ela é imprevisível.

> E ela própria é inevitável: marchamos todos para a morte; nosso destino agita-se na urna funerária; um pouco mais cedo, um pouco mais tarde, o nome de cada um dali sairá e a barca falta nos levará a todos ao eterno exílio. Portanto, se receamos, temos nela um motivo permanente de tormentos e andaremos como em país inimigo a deitar os olhos para todos os lados: ela é sempre uma ameaça, como o rochedo de Tântalo (MONTAIGNE, 1980, p. 45).

Mesmo tendo a certeza da finitude humana, a morte sempre gera medo e angústia. Por esta razão, o artigo tem por objetivo refletir sobre a angústia causada pela morte e ao mesmo tempo perceber como a religião ajuda o ser humano a encarar esta realidade inevitável. Pode-se dizer que ninguém pediu para nascer ou para existir, contudo o ser humano existe e inevitavelmente está fadado ao fracasso e à própria morte. Agostinho (1990, p. 105), fala que "não existe ninguém que não esteja mais próximo da morte depois de um ano que antes dele, amanhã mais do que hoje, hoje mais do que ontem, pouco depois mais do que agora e agora pouco mais do que antes."

Ao tomar consciência da própria morte, o ser humano tem duas possibilidades: poderá se angustiar e entrar no desespero, ou se abrir para o transcendente, dependendo da forma de como ele interpretará o fenômeno da morte. O desespero ou a angústia poderá levá-lo a uma busca pelo sentido da própria existência. Qual a razão de existir? Esta é uma das questões essenciais que o homem poderá fazer e tentar obter a resposta. Ainda que o ser finito encontre essa resposta existencial, o ser humano não deixará de tender para a morte, porque todo ser humano tende para a finitude. Montaigne (1980, p. 49), diz que "lastimar não mais viver dentro de cem anos é tão absurdo quanto lamentar não ter nascido um século antes. A morte é origem de outra vida. Nascemos entre lágrimas e muito nos custou entrar na vida atual".

O cristianismo e os seus ensinamentos doutrinais pregam que todo ser humano nasce destinado à morte, porém a morte não entendida como fim último da existência, e sim, como uma passagem para uma nova dimensão de vida. Isto é, passa-se da efemeridade e transitoriedade para a eternidade. Com relação à problemática da morte, encontra-se uma posição semelhante em Leonardo Boff.

> A morte é sim o fim da vida. Mas fim entendido como meta alcançada, plenitude almejada e lugar do verdadeiro nascimento. A união interrompida pelo desenlace não faz mais que preludiar uma comunhão mais íntima e mais total. A morte como fim-fim é verdadeira. Ela marca a ruptura de um processo. Cria uma cisão entre o tempo e a eternidade (BOFF, 1976, p. 35).

Ambos os autores citados acima definem a morte como o fim da vida, porém um fim que está relacionado à transitoriedade. Nesta perspectiva, a morte sinaliza a ruptura do efêmero para o eterno. A máxima do cristianismo é que vivemos no mundo, mas não somos para o mundo, e sim para a eternidade.

4.2. A morte do ponto de vista filosófico e religioso

Em oposição à filosofia niilista, encontra-se a filosofia da esperança de Gabriel Marcel, principal representante do existencialismo cristão, que acredita ser possível a transcendência da pessoa mediante seu encontro com Deus. A tese fundamental do seu pensamento consiste na ideia de que existir é ter em conta o mistério, o transcendente. A sua filosofia preconiza a morte como trampolim de uma esperança absoluta. Portanto, em um mundo sem morte, a esperança só existiria em estado embrionário.

Segundo ele, a filosofia da esperança coloca o ser humano em marcha, em direção à meta da realização plena do seu ser. A morte não é um convite ao desespero, e sim um salto em direção à transcendência. Para Marcel, não há muita diferença entre o que é hoje e o que será na eternidade. Conforme Chauchard (1967, p. 26), "a vida eterna irá somente manifestar aquilo que houvermos amado sobre a Terra, isto é, irá apenas ratificar nossas adesões durante esta vida, levando-as então à plenitude de sua realização".

O existencialismo cristão opõe-se ao existencialismo heideggeriano. Segundo afirma Morin (1970, p. 278), "a própria angústia nos revela que a morte e o nada se opõem à tendência mais profunda e inevitável do nosso ser. O ser humano na sua essência própria, não é existência para a morte". Heidegger se esquece do significado antropológico do desejo de imortalidade, ou seja, ele ignora ser a morte uma necessidade que vem contrariar e contradizer a individualidade humana.

Uma das causas do medo da morte está relacionada com o que virá depois da morte. O medo do desconhecido, a preocupação com o que poderá estar além da morte, de certa forma, gera angústias e sofrimentos. Algumas pessoas negam a morte para se tranquilizarem. Elas dizem que nada existe depois da morte. Entretanto essa ideia do vazio, do nada, cria uma angústia maior: de que vale a vida neste mundo, se depois tudo acaba? Existirá algo depois da morte? Numa sociedade altamente tecnocrática, admitir a existência de outra vida sem comprová-la cientificamente não é aceito por muitos, ou seja, falar de outra vida além desta com homens tecnicistas é algo bastante complexo. Todavia, não é impossível, porque a ciência não é capaz de provar todos os fenômenos que acontecem neste mundo, quanto mais o mistério da vida depois da morte. "Compreender a morte é fundamental para o homem, especialmente o que se diz cristão, pois chega a ser um paradoxo aquele que crê em Deus, que deseja uma vida junto ao Criador, temer a passagem que o leva diretamente a esta situação desejada" (D'ASSUMPÇÃO; D'ASSUMPÇÃO; BESSA 1984, p. 97).

Entretanto, o paradoxo continua. Dentro deste contexto, pode-se dizer que o suicídio é algo saudável porque é a busca mais rápida do encontro com Deus. O que não é verdade, pois para uma melhor compreensão do problema da morte é necessário ter uma vida mais plena, mais feliz e mais cristã. Porém, e o depois da morte? O que acontecerá com o ser humano? É necessário recorrer à Bíblia que apresenta uma resposta fideísta, pois com Cristo, a morte conduz à vida: "Eu sou a ressurreição e a vida. Quem crê em mim, ainda que morra, viverá; e tudo o que vive e crê em mim, não morrerá, eternamente" (Jo 11, 25-26, Bíblia, 2002). Analisando esta citação, pode-se afirmar que o conhecimento exato de como será 'o outro lado' deve ter qualquer importância para aquele que tem fé. Destarte, a morte em si, deixa de ser castigo para ser passagem para junto de Deus.

A partir do momento em que o homem se destaca na evolução como ser cultural, isto é, capaz de produz culturas, surge a preocupação com a morte, ou melhor, com o que vem depois dela. Nas diversas leituras para a concretização deste artigo, percebe-se que, sempre houve na história da humanidade, a crença na sobrevida, ou seja, a crença de que a morte é o trânsito dos mortos deste mundo para outra dimensão da realidade. Com efeito, diz Moody (1991, p. 21), "que os túmulos encontrados em escavações muito primitivas em todas as partes da Terra nos dão testemunho da crença na sobrevivência humana depois da morte".

Em todas as civilizações e culturas que precederam o nascimento da civilização industrial, encontramos uma constante universal, por toda parte presente, embora sob formas muitos diferentes: é a crença generalizada em uma vida futura. Em todas as civilizações, desde as mais primitivas até a do Ocidente desenvolvido, a morte não era interpretada como um aniquilamento ou um fim absoluto; significava, sim, mudança de vida; marcava uma espécie de etapa na continuidade da existência (AUBERT, 1995, p. 17).

Não se trata de ver nesta constatação etnológica uma espécie de prova da sobrevida, porque a crença jamais constitui uma prova da existência futura. Apesar de que, a crença num além é característica do ser humano, como ser situado numa cultura[8]. A crença no além se manifesta em nossos dias, de formas diversas. De modo geral, pode-se dizer que essa crença desenvolve-se num fundo de religiosidade.

Para o teólogo Blank (1998, p. 09), "em toda a história da espécie humana, constata-se como traço cultural permanente a convicção de que, depois da morte, haveria algo mais, a morte não seria o fim último; a vida do ser humano continuaria". Entretanto, ainda permanece a dúvida e indagação: como seria a vida após a morte, ou melhor, existe vida após a morte? Ao formular estas perguntas, confronta-se um dos grandes enigmas que envolvem o ser humano e que esteve presente em todas as culturas e em todas as épocas.

Vejam algumas das possíveis atitudes diante da questão da sobrevivência à morte da seguinte forma:

> A sobrevivência à morte é logicamente impossível. A sobrevivência à morte é logicamente possível, mas é impossível prová-la empiricamente. A sobrevivência é lógica e empiricamente possível. A sobrevivência é logicamente possível e empiricamente plausível. A sobrevivência é logicamente possível e empiricamente provada. A sobrevivência é logicamente necessária (JACOBSON, 19--, p. 254).

O interesse por essas questões, ou problemas abordados por Jacobson tem aumentado de maneira surpreendente. Certamente, devido à frustrante experiência do

---

[8] A palavra cultura deve ser tomada aqui, não em sentido clássico, sinônimo de educação e instrução, mas no sentido etnográfico, calcado no alemão *kultur* sinônimo aproximado de civilização, modo de vida, maneira de agir, de amar próprio de um grupo humano.

ser humano contemporâneo, cuja vida, numa sociedade de consumo, torna-se cada vez mais superficial e insatisfatória.

Para sustentar a argumentação de que a vida não termina com a morte, analisam-se alguns casos de Experiência de Quase Morte (EQM), relatados pelo Dr. Moody[9], em sua obra, *Vida depois da vida*. Tais testemunhos procedem de pessoas gravemente enfermas em processo de reanimação[10], ou vítimas de acidentes em estado de coma. A maioria destes reanimados alega a mesma experiência, não uma experiência após a morte, porém nas proximidades da morte. Para Aubert (1995, p. 63), "essas experiências não se referem a um além propriamente dito, isto é, a uma vida depois da morte, mas à experiência de doentes em estado de morte real (esta seria definitiva, tais doentes não poderiam voltar atrás), mas de morte clínica". A EQM é o que a própria medicina declara como morte clínica, ou seja, pessoas que estão mortas clinicamente, mas que voltam à vida. Isso, a princípio, parece um absurdo, porém o autor diz que todas as pessoas com as quais ele entrevistou, voltaram da EQM, ou seja, experimentaram o ato de flutuar para fora de seus corpos, associados com uma grande sensação de paz e totalidade. Nas entrevistas com pacientes que já passaram pela experiência de quase morte, afirma Moody (1991, p. 87), "que não se parecia em nada com alucinação. Já tive alucinação uma vez, quando me deram codeína no hospital. Mas isso aconteceu muito antes do acidente que me 'matou'. E essa experiência não foi nada parecida com as alucinações, absolutamente nada".

Vejam outro fato ocorrido com um paciente que ficou em coma sete dias, após ser submetido a uma cirurgia para retirada de um tumor nos pulmões:

> Quando saí do meu corpo físico foi como se tivesse saído do meu corpo e entrado em algo diverso. Não achei que fosse apenas ao nada. Era outro corpo, mas não outro corpo humano. Tinha forma, mas não tinha cores. Não dá para descrever. Estava mais fascinado e vendo meu próprio corpo ali. Por isso, não pensei no tipo de corpo em que estava. E tudo parecia tão rápido. Na realidade o tempo não era um elemento, e, no entanto, era. As coisas parecem andar mais depressa depois que você sai do seu corpo (MOODY, 1991, p. 53).

Analisando estes dois relatos de EQM, deve-se perguntar: como é que ele sabe que essas pessoas não estão mentindo ou fantasiando algo? Ele próprio responde que

---

[9] Doutor em Medina e Psicologia.

[10] Conjunto de medidas destinadas à recuperação de funções vitais transitoriamente comprometidas devido às causas clínicas, cirúrgicas ou traumáticas.

tais observações foram feitas em pessoas perfeitamente capazes de distinguir sonho e fantasia da realidade. As pessoas entrevistadas eram personalidades sadias e equilibradas; por isso não falaram de suas experiências como se estivessem contando seus sonhos, mas sim como eventos reais que de fato lhes aconteceram. Vejam o que diz o autor acerca dessas experiências:

> Testemunhei adultos maduros, emocionalmente estáveis – tanto homens como mulheres que me contavam tais eventos. Percebi nas suas vozes sinceridade, calor e sentimento que não podem ser falsamente transmitidos em uma narrativa escrita. Por isso para mim, de modo que é infelizmente impossível que muitos outros partilhem aceitar a noção de que esses relatos possam ser invenções é completamente inadmissível (MOODY, 1991, p. 132-133).

Por mais que transcendam aos limites impostos pela realidade do mundo, uma experiência da vida para além da morte permanece inacessível. Até mesmo os relatos de experiência de quase morte; por mais espetaculares que sejam, se situam no campo do experimentável, por isso traduzível em linguagem humana.

Essas experiências, apesar de não provarem a existência de vida após a morte, desempenham um papel significativo no esclarecimento da questão da vida eterna. Na verdade, essas experiências vividas perto da morte só provam que as pessoas, depois da morte clínica, ainda são capazes de certas percepções. Entretanto, Elizabeth Kubler-Ross (1992, p. 09), "diz que essas experiências são a comprovação da existência da vida eterna. A pesquisa de Moody esclarece muitas questões e confirma o que nos tem sido ensinado há dois mil anos: a existência da vida depois da morte".

A resposta da religião cristã, cuja convicção baseia-se na história da revelação divina, é que a vida não termina com a morte. Depois da morte, há a continuação da vida em dimensões novas, isto é, a vida eterna. Pois, o próprio Cristo conseguiu a vitória por meio de sua morte, libertando o homem da morte e o ressuscitando para a vida. Excluindo assim toda a possibilidade de que a morte significa a aniquilação do ser humano para sempre. A crença na vida depois da morte é praticamente comum a todas as religiões do mundo, pois a morte é a porta que se abre para o mistério.

Todas as religiões oferecem esperança ao coração do ser humano, porque nelas se colocam e se respondem as perguntas que o ser humano sempre fez ao longo da história da humanidade e ainda as faz até os dias atuais: que será do ser humano? Que será do mundo? Como será o pós-morte? São esses questionamentos que trabalham as crises existenciais e procuram formular respostas convincentes para essas indagações que são próprias do ser humano. A religião pretende ter uma resposta, porque onde há religião, há esperança de uma nova vida depois da morte.

Geralmente, a religião oferece duas soluções tradicionais para o problema da morte: em primeiro lugar admite a existência de alguma forma de vida após a morte, ou o prolongamento daquela numa forma muito próxima à da vida terrena. Em segundo lugar, elabora ritos de despedidas garantindo a chegada do morto ao outro mundo, o que significa conforto para os que ficam. Para aqueles que estão realmente convencidos de que possuem uma alma imortal, a morte é encarada mais como um transtorno passageiro do que como uma ameaça.

A fé e a esperança na vida depois da morte consolam a pessoa enlutada. A ideia de que a separação do ente querido é apenas temporária, e de que existe sempre a possibilidade de um encontro é confortadora para a pessoa que crer. Portanto, o luto é mais suportável para o ser humano que acredita em Deus, porque a fé auxilia e esclarece sobre a questão da perda. Isso não significa que a pessoa religiosa não sofra com a morte de um ente querido, mas que ela aceite a perda com mais facilidade e tranquilidade, pois a fé na ressurreição é um grande consolo.

> Por mais diferentes que tenham sido as religiões de mistérios nas diversas épocas e entre os diversos povos, encontra-se nelas, apesar de tudo, uma preocupação fundamental comum: o problema da morte [...]. Todas trouxeram aos homens uma mensagem: a vitória de vida sobre a morte. Independentemente do deus de salvação ser masculino ou feminino, animal ou humano, extraterrestre ou terrestre, o tema fundamental, o próprio drama do mistério, conserva-se idêntico: é a luta contra a morte. (MORIN, 1970, p. 187-188).

4.3. A morte na ótica cristã

O cristianismo professa sua fé na Santíssima Trindade. Aceita a ressurreição e sustenta que o homem irá ressuscitar no seu próprio corpo, uma só vez, para a vida eterna. O cristão encontra consolo na certeza de que a alma dos mortos continua a existir, unindo-se a Deus para sempre. A grande mensagem do cristianismo é que Cristo ressuscitou! Então, a morte adquire o verdadeiro sentido e as realidades do dia a dia são vistas numa nova luz, porque Cristo ressuscitou! Dizia o grande apóstolo, Paulo: "Se não há ressurreição dos mortos, também Cristo não ressuscitou. E, se Cristo não ressuscitou vazia é a nossa pregação, vazia também é a nossa fé" (Cor 15,13-14, Bíblia, 2002).

O Magistério da Igreja Católica sempre ensinou e ainda ensina o que acontecerá com o ser humano na morte. Como diz Blank (1998, p. 35), "na morte, o ser humano sai das dimensões do espaço tempo cósmico e entra em outras dimensões tradicionalmente chamadas de eternidade". A Igreja Católica afirma que depois da morte, a vida continua em dimensões novas, isto é, a vida eterna. Esta é a resposta da religião cristã, e sua convicção baseia-se em toda a história da revelação divina. O Magistério da Igreja Católica, por meio da Congregação da Doutrina da Fé[11] diz:

> A Igreja afirma a sobrevivência e a subsistência, depois da morte, de um elemento espiritual, dotado de consciência e vontade, de sorte que o eu homem subsiste. Para designar tal elemento, a Igreja emprega a palavra alma, consagrada pelo uso da Escritura e da Tradição. Sem ignorar que esta palavra toma diferente sentido na Bíblia, a Igreja considera não existir nenhuma razão séria para rejeitá-la... (AUBERT, 1995, p. 70).

Os cristãos, sobretudo, os católicos, acreditam numa continuação da vida depois da morte porque Deus é fiel, e ao mesmo tempo, é um Deus da vida e não da morte, por isso vai manter o ser humano para além da morte. Por consequência, o ser humano não pode acabar na morte porque tem em si mesmo uma dimensão eterna. Nas palavras de Blank (1998, p. 102-103), "essa dimensão é a alma espiritual que é fundamentalmente distinta do corpo. A morte atinge o corpo, mas não a alma. A essência do ser humano não é a sua manifestação corporal, mas a dimensão espiritual". Entretanto, segundo o livro do Eclesiastes, não se alcança a imortalidade simplesmente porque se tem uma alma imortal e sim porque foi Deus quem destinou ao ser humano uma existência, por isso não é só a alma que sobrevive, como pensavam os gregos, e sim o ser humano inteiro porque Deus ressuscita a pessoa na sua totalidade e não em partes.

A morte para o cristão não é a extinção da personalidade, e sim uma transfiguração do discípulo de Cristo. Sabe-se que o próprio Deus dispôs a morte como entrada numa situação definitiva, ou seja, a vida não é tirada e sim mudada. Assim, quando se morre, a alma entra num estado de bem-aventurança, que é chamado de vida

---

[11] Declaração sobre a vida eterna e o além, do dia 17 de maio de 1973.

eterna. Esse encontro com Deus, após a morte, traz para a alma humana confiança e alegria. A promessa de uma vida futura ocorre de modo geral em todo o Novo Testamento. Merece destaque o Evangelho, no qual, Jesus apresenta a felicidade eterna sob a figura da grande Ceia: Ceia na qual, é preparada para ricos e pobres, felizes e desgraçados (Lc 14, 16-24). Ceia em que o patrão serve aos servos fiéis (Lc 12-37), festa a todos os povos da terra (Lc 13-19; Mt 8,18). Segundo os ensinamentos de Jesus, a vida após a morte será uma profunda comunhão dos justos com o Senhor, que nas parábolas indicadas acima é apresentada ora como Rei, ora como Aquele que prepara a Ceia.

4.3.1 A morte: verdadeiro nascimento do homem

De acordo com o antropólogo Morin (1970), p. 21, "Toda morte evoca um nascimento, e, inversamente, todo nascimento evoca uma morte." O cristianismo sustenta saber coisas bastante concretas sobre o amanhã do homem. Ele promete ainda a ressurreição dos mortos. Para o cristianismo, segundo Boff (1976, p. 15), "o homem não caminha para uma catástrofe biológica, chamada morte, mas para uma realização plena do corpo-espiritual". Assim, na morte, momento em que se dá à passagem do tempo para a eternidade garantida por Jesus, o homem é convidado a tomar uma radical decisão[12].

Para o cristão, em conformidade com o pensamento de Boff (1976, p. 97), "a morte é vista como o verdadeiro nascimento onde o homem realiza plenamente seu ser autêntico". Ela é considerada um segundo nascimento, no qual, marca uma passagem do mundo material para o mundo espiritual, do mundo natural para o mundo sobrenatural. Isso significa que a vida de cada ser humano não acaba na morte, mas que ela segue seu caminho num mundo desconhecido por todos nós, chamado de céu. Destarte, a morte é considerada como irmã, como uma passagem obrigatória para outro nível de vida pessoal e livre, em maior plenitude. Logo, é preciso tornar-se amigo da morte.

O morrer, portanto, não significa somente o marco de um processo biológico, mas significa, principalmente, conforme Boff (1999, p. 17), "um acabar de nascer e o modo pelo qual o homem atinge a sua totalidade através de uma verdadeira decisão". A esperança na vida eterna junto de Deus e daqueles que já partiram é uma estrutura existencial do ser humano, algo que não acontece com os demais seres vivos, pois o

---

[12] De-Cisão significa em grego *Krisis*, crise, juízo, ruptura, corte.

animal irracional vive sem conhecer a morte. Aqui, está o que nos separa dos animais. O ser humano tem o desejo de superar todas as aflições que o aflige: como a dor, a frustração, o ódio e a própria morte, pois ele quer a plenitude e a vida após a morte.

A morte pode ser entendida como fim da vida, o que deixa inúmeros indivíduos frustrados. Contudo, é preciso entender a morte como fim da seguinte maneira: ela rompe a ligação com o mundo e separa a o indivíduo das pessoas com as quais convivem e amam. A morte é triste como o fim de uma festa, pois o ser humano está habituado a significar o fim como algo negativo. Que bom seria se compreendesse que o fim não significa necessariamente negatividade, mas sim positividade! Como por exemplo, quando um estudante vibra porque se formou em Medicina ou em Engenharia, isto é, atingiu seu fim desejado. A morte finaliza apenas um ciclo de vida. Ela é mais constante e comum do que se imagina, pois cada vez que acontece uma mudança interna, acontece um tipo de morte.

> Morrer é finalizar uma fase, sentindo uma inevitável dor, pois toda transformação exige certo sofrimento, condição essencial para começar um novo ciclo. Talvez o drama da morte é que se apresente como final definitivo do qual aparentemente, não há como recomeçar. Nem todo fim é ruim. O casamento ou o nascimento de uma criança são também mortes. Marcam o término de uma fase e indicam o começo de uma nova forma de vida (GOLDBERG; D'AMBRÓSIO, 1992, p. 85).

Certifica que a morte é o fim. Porém, não o fim de toda a realidade humana como pensam os filósofos niilistas. A morte é sim o fim da vida, mas o fim entendido como o início da vida para além da morte. Por isso, consoante com a ideia de Boff (2000, p. 237), "nós não vivemos para morrer. Morremos para ressuscitar [...]. Para viver mais e melhor". Como fim, a morte é verdadeira porque ela marca uma ruptura de um processo vital, isto é, ela finaliza a vida enquanto presença biológica neste mundo material. Entretanto, a morte não é um fim sem sentido ou um fracasso definitivo, e sim o trânsito para um mundo pleno de paz e felicidade, no qual, terá um corpo espiritual[13]. Percebe-se isso por meio de uma experiência de quase morte (EQM), de uma paciente portadora de câncer que estava em coma há seis dias. Vejam o depoimento dessa paciente, após ter voltado da EQM:

---

[13] Significa o homem-corpo que ganha as características do homem-alma e capaz de desejo infinito, de transcender todos os limites e estar em Deus.

A experiência de deixar o próprio corpo - acompanhada por uma sensação de possuir um 'corpo espiritual. Um encontro ou reunião com amigos e parentes já falecidos. Uma experiência com uma luz ou uma claridade ofuscante. A descoberta de uma linha divisória, ou fronteira, entre os dois mundos da experiência (KASTENBAUM, 1983, p. 16).

A morte é intrínseca ao ser humano, porque na concepção de Boff (2000, p. 222), "a morte não vem de fora. Ela se encontra instalada dentro de cada ser". Por esta razão, também é válido dizer como Kastenbaum (1983, p. 133), "quando você olha dentro de seus olhos não é uma pessoa o que você vê. Você apenas vê a morte".

O ser humano morre aos poucos, a cada segundo que se passa, ele está morrendo. Ele nasce, cresce, se desenvolve, torna-se maduro, envelhece e morre. Chegará o momento em que, mesmo a pessoa mais velha do mundo morrerá, porque todos são mortais. Portanto, é um grande absurdo pensar que alguém não morrerá. Como diz Boff (2000, p. 225), "para morrer, basta estar vivo, que cada um tem a sua hora, porém essas verdades soam distantes, como se não nos dissessem respeito [...] Entretanto, a morte pertence a nossa vida humana, por mais que o eu profundo queira vida e mais vida e anseie pela eternidade da vida".

Segundo o pensamento boffiano, a morte não significa a separação da alma do corpo. Se assim fosse, a morte seria restringida somente à dimensão biológica do ser humano. Segundo a antropologia semítica, a morte é da pessoa toda; não existe uma compreensão dualista de morte de alma e corpo. Todo o homem morre e todo o homem é salvo por Deus. A morte não pode ser definida como separação entre alma e corpo, porque não há nada para separar. Condizente com o pensamento de Boff (1976, p. 39), "corpo e alma não são coisas paralelas, possíveis de separação, embora possam e devam ser distinguidas [...] morte é cisão entre o modo de ser temporal e o modo de ser eterno no qual a pessoa entra. Pela morte, o ser humano-alma não perde sua corporeidade".

Embora, possam existir controvérsias, contudo, não há nenhuma declaração do Magistério da Igreja Católica que defina a morte como separação do corpo e da alma. O ser humano é totalmente corpo e totalmente alma. Ele é uma unidade que não pode ser dividida em dois princípios: corpo e alma. Consequentemente, não é possível que na morte, a alma se separe do corpo. Segundo a afirmação de Blank (2000, p. 109), "a alma do ser humano nunca se separa do corpo, porque ela forma com ele uma unidade indivisível da pessoa única e substancial". Nas Sagradas Escrituras, não têm um termo para alma sem corpo, nem para corpo sem alma. A Igreja Católica garante a continuidade da vida para além da morte, mas não afirma que esta vida deva ser entendida como imortalidade da alma espiritual e sim como ressurreição dos mortos. A ressurreição é uma forma de estar com Cristo, é uma passagem deste mundo para outro junto do Pai Eterno.

Daí pode-se dizer com Gabriel Marcel *apud* Boff (1999, p. 85), "corpo e alma não exprimem o que o homem tem, mas aquilo que ele é. Em sua totalidade, o homem é corporal. Em sua totalidade é também espiritual". Por isso, no ser humano há um espírito corporalizado e um corpo espiritualizado. Isso é bastante evidente, por exemplo, quando se vê um rosto humano; nele não se vê apenas os olhos, nariz, boca; vê-se também a expressão de felicidade ou angústia, humor ou mau-humor, sabedoria ou tolice.

A definição clássica da morte como separação da alma do corpo caracteriza-se por apresentar a morte como algo que afeta somente a corporeidade; deixando a alma intacta, isto é, o corpo vai para o túmulo e alma para a eternidade. Esta, porém, é uma definição da concepção grega, em que a morte não é total: atinge apenas o corpo do ser humano. Logo, a morte não significa a diluição da realidade humana, porque a alma é imortal. Segundo os gregos, o sentido verdadeiro da vida se dá depois da morte, no mundo espiritual, por isso Sócrates morreu feliz. Enquanto, o semita não conhece uma alma sem corpo; se esta sobreviver à morte terá uma forma corporal, pois o corpo se opõe ao espírito. Portanto, com a morte, o homem não perde sua corporeidade porque esta lhe é essencial, porém adquire outra forma de corporeidade mais aperfeiçoada do que esta.

> Na verdade, o que se separa, na morte, não é o corpo e a alma, mas o tempo e a eternidade. Quer dizer um modo de existência limitado e aprisionado a esse tipo de vida espaço-temporal e o outro tipo de vida, na qual o ser humano entra caracterizado por uma relação aberta e ilimitada para com a matéria. É a relação própria de quem entra na eternidade (BOFF, 2000, p. 229).

Por causa disso, é impossível a alma ficar separada aguardando ali a ressurreição do corpo porque a alma forma com o corpo uma unidade indivisível da pessoa humana única e substancial. Pela morte, acaba a noção de espaço e tempo, por isso não faz sentido falar de espera entre o agora e o final dos tempos. Para a pessoa que morre, o tempo acaba e começa a eternidade[14]. Pode-se dizer como Blank (2000, p. 109-110),

---

[14] A eternidade não é uma espécie que precederia o tempo; é um instante sem limite que abraça individualmente, toda sucessão do tempo, e no qual todos os momentos desta sucessão estão fisicamente presentes.

"nunca em nenhum momento, a alma humana se separa do corpo e fica sozinha, isto pelo simples fato de que esta alma entre a morte e o final dos tempos, nem teria tempo de se separar, porque na eternidade, o tempo não existe mais". Para o ser humano, é difícil compreender a eternidade porque toda nossa experiência desenrola-se no tempo, ou seja, é impossível pensar fora do tempo. E a eternidade encontra-se fora do tempo, porque o tempo termina na morte.

4.3.2 A morte não é uma aniquilação do ser humano

Para onde vai o ser humano depois da morte? O desejo de saber como será a vida futura que se abrirá com a morte, é inerente à existência humana. Contudo, o que se sabe do pós-morte é o que a Igreja ensina, é o que Deus se revela por analogias e o que a Filosofia ensina por raciocínios lógicos. A tradição cristã diz que, na morte, a ressurreição do ser humano seguirá o modelo de Cristo. Portanto, morrer significa, para o cristão, aceitar o trânsito pascal[15]. O cristão sente o trauma da morte biológica, mas o aceita como a última forma de purificação.

> A morte é transfigurada em acontecimento benéfico, e a vida recomeça renovada e reforçada. Em geral é isso que se celebra pelo rito de comemoração, o qual marca ao mesmo tempo em que é a integração do defunto numa forma de sobrevivência. Como dizia certo filosofo, o rito como a elegância, é uma forma de encantar a angústia (BAYARD, 1996, p. 15).

Desse modo, o ser humano não se desespera diante da morte, porque morrer não significa que tudo está acabado. A morte é a porta por onde se tem o acesso à vida futura. No plano puramente natural, sem a graça de Deus, o ser humano teme a morte mais do que tudo e sente-se angustiado. Porém, quem tiver convencido de que existe uma vida além desta, talvez, veja a morte sem sobressalto, ansiedade e medo.

Um médico, cardiologista romano, ficava extremamente impressionado com a serenidade com que via morrer algumas pessoas que acreditavam em vida após a morte. Dizia ele, segundo Arias (1999, p. 23), "estou convencido de que certa fé no além ajuda a não morrer desesperado. Tenho certeza de que outros médicos podem ter experiências diversas, mas não há dúvidas de que uma grande fé em algo ajuda a viver e morrer melhor". Uma reflexão científica pode trazer certo apoio à crença na existência da vida depois da morte, porém não pode prová-la. A última certeza de que a vida continua

---

[15] Passagem da morte para a nova e eterna vida.

para além da morte só é encontrada por meio da fé. Esta convicção se baseia em Deus que se revelou no decorrer da história como um Deus da vida. Em concordância com a teoria de Blank (2000, p. 121), "a morte não é o fim, mas uma profunda transformação do ser humano em todas as suas dimensões". Deus ressuscita o ser humano para a nova vida em todas as suas dimensões: corpo, alma e espírito.

Entretanto, considera-se que não são somente os ateus que temem a morte; os que têm fé enfrentam melhor a situação de morte, porém não dá para negar que, em geral, as pessoas temem a morte. Até os padres e os pastores, que falam tão bem da morte sentem medo dela. Por quê? Em primeiro lugar, porque a vida é um valor em si, e uma graça, que ninguém deseja perder. Em segundo lugar, porque quase ninguém se sente preparado para morrer, pois quase todos se sentem em dívida com Deus. E por último, porque morrer é sempre uma perda. Sabe-se que a fé praticada com convicção proporciona alívio diante da angústia da morte. Consoante com a teologia de Blank (2000, p. 62), "o medo se encontra no coração daqueles que, estando em algum ponto entre os dois polos, professam uma fé que, em conflitos e angústias, não são suficientes para alcançar a verdadeira salvação interior".

Na verdade, só é possível imaginar a profunda transformação do ser humano na morte por meio de imagens e metáforas, pois o cientificismo tem dificuldade de compreender as verdades da fé. Há um fenômeno muito interessante para explicar a transformação do ser humano na morte. Refere-se ao fenômeno da metamorfose da lagarta em borboleta, que reflete de maneira metafórica e muito fiel a transformação pela qual o ser humano passa na morte. A lagarta, ao se transformar em borboleta, experimenta uma verdadeira morte, porém esta morte está longe de significar o fim, pelo contrário, tudo o que era lagarta sofre uma transformação radical para tornar-se borboleta. A própria natureza se encarrega de apresentar sinais de que a morte não é o fim.

> Na metamorfose o que a lagarta experimenta é uma morte. Entretanto, sua morte não significa fim, mas sim transformação, através da qual aparece um ser qualitativamente novo, a borboleta. Tudo o que era lagarta está sendo transformado para se tornar borboleta. Não há imagem melhor para o que acontece com o homem na morte: metamorfose (BLANK, 2000, p. 138).

Tal como no cristianismo, na parapsicologia[16], a morte é vista como transformação e início de outra vida. A ressurreição de Jesus é o grande sinal de esperança para todos os mortais. Ter a esperança significa aceitar que a morte não é o fim, mas uma profunda transformação do ser. É na morte que se abre a possibilidade para a primeira decisão pessoal do homem. Nas palavras de Boros (1971, p. 164), "a morte é o lugar da conscientização do homem, do encontro com Deus e da decisão da sorte eterna". Para compreender a transcendência desta hipótese, devem-se expor os motivos que impulsionam a conceber de forma esperançosa a morte humana. Pode-se afirmar que só na morte o homem chega a ser uma pessoa completa para encontrar com Cristo. Condizente com Boros (1971, p. 167), "Só na morte, ele é capaz de atingir definitivamente a sua salvação mediante um reconhecimento espontâneo do seu próprio ser, perante Cristo". Só no momento da morte, o ser humano chegará a ser ele mesmo e tomará uma decisão definitiva livre e consciente.

A morte não significa nada por si mesma, senão a passagem desta vida para outra, porque o verdadeiro sentido do morrer é transfigurar-se: é nascer de novo. Sem dúvida, aquele que crer sabe que existe outra vida além desta. Em conformidade com Chauchard (1967, p. 34), "sabe-se que a morte nada mais é do que uma mudança de estado". O ser humano morre para passar para o outro lado da vida.

> Ao morrer não nos veremos mergulhados no vazio do nada, mas em plenitude de uma vida verdadeiramente vívida. Adentramos um sítio penetrado pelo amor, iluminado pela verdade. Por que não podemos aguardar tranquilamente a vida futura, como aguardamos o dia de amanhã? Se existisse uma religião capaz de nos esclarecer definitivamente a respeito de tal vida o melhor seria que não a escutássemos (JASPERS, 1965, p. 135-136).

Na teoria de Jaspers, o nada posterior ao fim não é efetivamente um nada. A morte como situação limite, distingue em dois aspectos: a morte como situação geral do mundo e a morte como situação individual. Como situação geral do mundo, ele dirá que tudo o que é real é mortal. A morte como situação individual é o que atormenta o ser humano, que o rói em seu íntimo. Seguindo a filosofia dele, a morte não é um abissal, um precipício que se absorve ou um abismo que se devora tudo. Ao contrário, segundo Mondim (1980, p. 311), "o salto da morte é como o nascimento de uma nova vida. A morte foi assumida na vida. A morte, então, cessou de ser uma voragem".

---

[16] No dia 29 de julho de 1953 na cidade de Utrech, na Holanda, a Parapsicologia foi reconhecida como uma Ciência. https://www.ipappi.com.br/confraternizacao-dia-do-parapsicogo/.

4.4. Considerações Finais

Após ter-se feito uma pesquisa bibliográfica para a concretização deste artigo, considera-se uma grande aprendizagem concernente à morte: a contribuição efetiva dos filósofos existencialistas não niilistas e também a colaboração do Cristianismo. Contudo, ainda há vários questionamentos em relação à morte e ao processo do morrer, pois a morte é vista como um enigma e um mistério da existência humana.

Acredita-se que este artigo foi apenas um ensaio do problema da morte, por isso é necessário continuar e incentivar a pesquisa sobre ela. Visto que se entende a morte como a língua materna: só se aprende a conhecê-la vivendo e ouvindo o que as pessoas dizem sobre ela. Entretanto, o pouco que se pode aprender sobre a morte, fez-se uma diferença importante em como se vive neste mundo.

A pesquisa contribuiu para poder repensar a própria vida e a do outro, visto que a morte é inerente à vida e indissociável ao ser. É impossível falar da vida sem falar da morte. Por conseguinte, é verdade que não se pode compreender inteiramente esta vida enquanto não deslumbrar o problema da morte. É preciso tornar-se amigo da morte, porque ela é um fenômeno natural, assim como o nascer. Rubem Alves dizia que quando ela se torna nossa amiga, ela se torna nossa conselheira.

O que se percebe no artigo é que o tema da morte traz certas dificuldades, porque representa a questão maior da existência humana, o seu maior desafio e a sua maior incógnita. Quando uma pessoa nasce, surgem vários questionamentos: talvez ela seja bonita ou feia: talvez rica ou pobre: pode ser que viva muito tempo, pode ser que não. Mas, ninguém diz: talvez, um dia ela morrerá, talvez não. Visto que, o ser humano tem consciência de que a morte é a única coisa absolutamente certa na vida. Dela, ninguém duvida. Diante da morte, todos se encontram sozinhos; pois ninguém pode morrer a morte do outro. Alguém pode morrer no lugar do outro como um gesto de amor, porém cada indivíduo morre por si mesmo a própria morte.

Na concepção cristã, o ser humano é um ser para a eternidade e não para a morte. Como afirma Boff "não nascemos para morrer, morremos para ressuscitar." Portanto, a morte não é o final da existência humana, mas uma transformação de todo o seu ser. A morte vem até o ser humano não como um fim, e sim como um novo começo. Ela significa morrer para esta vida e nascer para outra melhor do que esta. É como uma sementinha, se ela não morrer, não brotará uma nova vida. Só a esperança é que vence o absurdo da morte, visto que a vida continua depois da morte, porém em uma nova dimensão desconhecida por todos.

Frente à morte, todo indivíduo deve-se manter calmo e sereno, porque sabe que irá morrer: isso é certo e inevitável. Portanto, é necessário pensar, refletir sobre a morte e preparar-se para a sua chegada. A morte deve ser aceita com resignação mesmo que ela tenha uma nota de castigo e gera sofrimento, ainda que ela seja uma ruptura com as pessoas que se amam. Então, fica claro que trabalhar com a questão da morte significa assumir a angústia humana que é inerente à vida frente à iminente morte. É evidente que se pode sentir a morte dos entes queridos, isso faz parte da condição humana. Jesus Cristo, na condição de humano, chorou e sentiu profundamente a morte de Lázaro.

Todavia, não se deve pensar na morte com desespero como os pagãos; não como o fim da existência, como fizeram os filósofos ateus; não como a redução ao nada absoluto, como pensavam os filósofos niilistas; mas como uma porta que se abre para o eterno. Pois, como diz o Apóstolo Paulo: a morte foi vencida pela ressurreição de Jesus. Ela é uma descida à mansão dos mortos de onde se origina a subida definitiva do ser humano para o céu e para junto de Deus.

A morte é limitadora, temporal e angustiante. Porém, é ela que impulsiona o ser humano a lutar pela realização dos seus sonhos. Embora, a morte separe o homem dos objetos de afeto, ela ensina também a percepção do outro e consequentemente de si mesmo. O presente artigo constata que as pessoas procuram distanciar-se da morte banalizando-a, porém, o homem só se realizará autenticamente, à medida que enfrentar corajosamente a sua finitude: a sua inevitável morte.

Enfim, considera-se que só se pode viver intensamente se tomar consciência de que o homem é um ser finito e mortal, porque ser mortal é condição da própria existência humana. Ao se ter a consciência da finitude e da mortalidade, é necessário perceber que ninguém tem o direito de desperdiçar o pouco tempo de sua existência, no mundo. Se a vida humana fosse comparada a um fósforo que se acende, arde e depois se apaga; a morte não causaria terrores ao ser humano, assim como não causa aos animais. Porém, o ser humano é essencialmente muito mais elevado do que o fósforo, logo ele é um ser que teme a morte.

O artigo deixa evidente que as pessoas que têm fé concebem a morte como um portal que se abre para a vida eterna, porque a religiosidade contribui no processo de melhor aceitação da morte. O cristão encara a morte como parte da vida e a compreende como o fim, todavia o fim entendido como meta alcançada e lugar do verdadeiro nascimento do ser humano. Isto significa que a vida não termina com a morte, mas que ela continua numa outra realidade incognoscível.

A morte além de ser um problema filosófico é também um problema poético, pois ela inspirou grandes poetas da literatura mundial. Na verdade, muitos filósofos têm se esquivado da morte, todavia os poetas são diferentes; visto que eles adentram profundamente o fenômeno, rastreando-o. Por esta razão, se diz que um poeta sem sentimento de morte não é um grande poeta. É verdade também que um filósofo sem sentimento de morte não é um grande filósofo, porque a filosofia é filha da morte, ou seja, a morte é o gênio inspirador e o lampejo da filosofia. Sem a morte, dificilmente, o ser humano se teria filosofado.

CONSIDERAÇÕES FINAIS DA OBRA

Após o estudo para a concretização desta obra, considera-se que houve uma grande aprendizagem no tocante à discussão da morte na contemporaneidade: como os filósofos niilistas abordaram o tema, a contribuição efetiva dos filósofos não niilistas. Contudo, ainda há vários questionamentos em relação à morte e ao processo do morrer, pois a morte é vista como um enigma e um mistério da existência humana. Acredita-se que este livro foi somente um ensaio sobre a discussão da morte, visto que metaforicamente ela é como a língua materna que nos acompanha durante toda a nossa vida; assim a morte nos permeia sempre, ainda que inconscientemente.

A pesquisa contribuiu para fazer uma reflexão da própria vida, porque a morte é inerente à vida e indissociável ao ser. É impossível refletir sobre a vida humana, sem fazer referência à morte. É imprescindível aceitá-la como um fenômeno natural, assim como o nascer, o crescer e o envelhecer. Dela, ninguém escapa, porque o morrer é inerente ao viver. Ou seja, a morte não é uma negação da vida, e sim uma condição natural e inseparável dela. No existencialismo, a morte não é um simples fato, ela não é considerada como algo que está fora da vida, mas como uma parte que se encontra dentro dela.

Heidegger colocou a morte como objeto da filosofia e definiu o homem como um *"ser para a morte"*. O ser humano, ao nascer, já tem a idade suficiente para morrer, ou seja, nasce para morrer e para nada mais. Depois do nascimento, cada dia que se passa é uma proximidade da realidade da morte. Esta certeza filosófica de Heidegger do ser para a morte não é absurda, pois a filosofia está apenas a cumprir o seu papel de filosofar. Todavia, é uma contradição frente à ótica da filosofia cristã que afirma o ser humano como sendo um ser para a eternidade e não para a morte. A morte não é o fim absoluto da existência humana, e sim o começo de uma nova e eterna vida desconhecida pela sapiência humana.

Enfim, o homem é um *"ser para a morte"* ou um ser para eternidade? São duas compreensões filosóficas distintas acerca da existência humana. O homem é um ser para a morte, porque ela é certeza absoluta da nossa finitude. Isso não é pessimismo, mas sim um convite a encarar a morte como parte integrante da vida. O homem também é um ser para a eternidade, porque o verdadeiro sentido da vida está relacionado ao transcendente, sendo a morte apenas uma passagem para uma realidade eterna. Neste sentido, a vida terrena é apenas uma fase temporária de uma existência muito maior que continua no pós-morte.

A morte não deve ser entendida como o fim absoluto do ser humano, como pensam os filósofos niilistas, mas como uma transição para o outro lado da vida. Na verdade, deve-se compreendê-la como um convite à reflexão filosófica sobre o mistério, o ser, a finitude, a existência e a transcendência. Pensar desta forma significa tomar consciência de que a morte pode abrir um portal para a transcendência, isto é, para a dimensão da existência que vai além do físico e do material. A morte, portanto, não é o fim absoluto da existência humana, e sim uma ocasião para aprofundar a compreensão do ser, das relações humanas e da presença espiritual.

Diante da morte, deve-se manter a serenidade porque ela é como uma porta que se abre para a entrada no paraíso. Como dizia Paulo: a morte é uma descida à Mansão dos mortos de onde se origina a subida definitiva do homem aos céus.

A morte é angustiante, porém o ser humano só se realizará autenticamente, à medida que enfrentar corajosamente a sua finitude e a sua inevitável morte. Conquistá-la em cada pensamento, em cada ato por afirmação do eterno, fazer cada coisa como se fosse morrer no próximo momento. Logo, só é possível viver vigorosamente neste mundo quando o ser humano tomar consciência de sua finitude e de sua mortalidade.

A pesquisa evidencia que as pessoas que aderem à filosofia cristã concebem e encaram a morte como parte integrante da vida e a compreendem como o fim, mas o fim entendido como meta alcançada e lugar do verdadeiro nascimento do ser humano.

Caro leitor, após o término desta leitura, espera-se que você possa responder para si mesmo as seguintes perguntas. É melhor encarar a morte segundo a ótica do existencialismo niilista? Ou é melhor descortinar e vislumbrar a morte segundo o prisma da filosofia cristã existencialista? Qual a melhor forma de aceitar a inevitável morte? Lembro a você, leitor, que não existem respostas acabadas e definitivas.

REFERÊNCIAS

AGOSTINHO, Santo. **Cidade de Deus**: contra os pagãos. 2. ed. Tradução de Oscar Paes Leme. Petrópolis: Vozes, 1990.

ALVES, Rubem. **Variações sobre a vida e a morte**. 2. ed. São Paulo: Paulinas, 1985.

ARANHA, Maria Lúcia de Arruda; MARTINS, Maria Helena Pires. **Filosofando**: introdução à filosofia. 2. ed. São Paulo: Moderna, 1993.

ARIAS, Juan. **Um Deus para 2000**: contra o medo e a favor da felicidade. 2. ed. Petrópolis: Vozes, 1999.

ARIÈS, Philippe. **História da morte no Ocidente**: da Idade Média aos nossos dias. Trad. Priscila Vianna de Siqueira. Rio de Janeiro: Francisco Alves, 1977.

ARIÈS, Philippe. **História da morte no Ocidente**: da Idade Média aos nossos dias. Traduçãode Priscila Vianna de Siqueira. Rio de Janeiro: Ediouro, 2003.

ASSIS, Machado de. **Memórias póstumas de Brás Cubas**. Erechim: Edelbra, 2000.

ASSUMPÇÃO, Evaldo Alves. d'. ASSUMPÇÃO, Gislaine Maria. BESSA, Haley Alves. 1984. *Morte e suicídio: uma abordagem multidisciplinar.* Petrópolis: Vozes

AUBERT, Jean Marie. **E depois - vida ou nada?** Ensaio sobre o além. São Paulo: Paulus, 1995.

BAYARD, Jean-Pierre. **Sentido oculto dos ritos mortuários**: morrer é morrer? Trad. Benôni Lemos. São Paulo: Paulus, 1996.

BEAUVOIR, Simone de. **A velhice 1**: a realidade incômoda. São Paulo: Difel, 1976.

BEAUVOIR, Simone de. **A cerimônia do adeus**. Tradução de Rita Braga. 3. ed. Rio deJaneiro: Nova Fronteira, 1982.

BEAUVOIR, Simone de. **A força da idade**. 2. ed. Tradução de Sérgio Milliet. Rio de Janeiro: Nova Fronteira, 2009.

BÍBLIA. Português. **Bíblia de Jerusalém**: contendo o antigo e o novo testamento. 9. ed. São Paulo: Paulus, 2002.

BLANK, Renold J. **Nossa vida tem futuro**: escatologia cristã 1. São Paulo: Paulinas, 1991.

BLANK, Renold J. **A morte em questão**. São Paulo: Loyola, 1998.

BLANK, Renold J. **Escatologia da pessoa**: vida, morte e ressurreição: (escatologia I). 2. ed. São Paulo: Paulus, 2000.

BOEMER, Magali Roseira. **O morrer e o morrendo**. 1985. Tese (Doutorado em Enfermagem) - Universidade de São Paulo, Ribeirão Preto, 1985.

BOFF, Leonardo. **Vida para além da morte**. 4. ed. Petrópolis: Vozes, 1976.

BOFF, Leonardo. **A Nossa ressurreição na morte**. 9. ed. Petrópolis: Vozes, 1999.

BOFF, Leonardo. **Ética da vida**. 2. ed. Brasília: Letrativa, 2000.

BOROS, Ladislaus. A morte como crise-decisão. *In*: BOROS, Ladislaus. **Nós somos futuro**. São Paulo: Loyola, 1971. p. 163-164.

BOWKER, John. **Os sentidos da morte**. Tradução: I. F. L. Ferreira. São Paulo: Paulus, 1995.

BOSCH, Philippe van den. **A filosofia e a felicidade**. Trad. Maria Ermantina Gabão. São Paulo: Martins Fontes, 1998.

BROMBERG, Maria Helena. A morte não é castigo. **Isto É**, São Paulo, n. 1541, p. 4-6,14 abr. 1999.

CAMON, Valdemar Augusto Anrami. **Psicologia hospitalar:** teoria e prática. São Paulo:

Pioneira, 1995.

CHAUCHARD, Paul. **A sobrevivência depois da morte**. Tradução de Heloísa de Lima Dantas. São Paulo: Europeia, 1967.

D'ASSUMPÇÃO, Evaldo Alves; D'ASSUMPÇÃO, Gislaine Maria; BESSA, Haley Alves (coord.). **Morte e suicídio**: uma abordagem multidisciplinar. Petrópolis: Vozes, 1984.

FERREIRA, Luís Carlos. Morte. *In*: FERREIRA, Luís Carlos. **Morte**. Enciclopédia livro da Vida. V. 4. 2. ed. São Paulo: Abril Cultural, 1974. p. 1550-155.

GOLDBERG, Jacobi; D' AMBRÓSIO, Oscar. **A chave da morte**. São Paulo: Maltese, 1992.

HEIDEGGER, Martin. **Ser e tempo**. Parte II. Petrópolis: Vozes, 1989.

HENNEZEL, Marie de; LELOUP, Jean-Yves. **A arte de morrer**: tradições religiosas e espiritualidade humanista diante da morte na atualidade. 5. ed. Tradução de Guilherme João de Freitas Teixeira. Petrópolis: Vozes, 2002.

INWOOD, Michael. **Heidegger.** Tradução por Adail U. Sobral. São Paulo: Loyola, 2004. JAPIASSÚ, Hilton; MARCONDES, Danilo. *Dicionário básico de filosofia*. 3ª ed. Rio de Janeiro: Zahar Editor, 2001.

JACOBSON, Niols O. **Vida sem morte?** Rio de Janeiro: Nórdica, 19--.

JASPERS, Karl. **Introdução ao pensamento filosófico**. 2. ed. Tradução de Leonildas Hegenberg. São Paulo: Cultrix, 1965.

KASTENBAUM, Robert; AISEMBERG, Ruth. **Psicologia da morte**. Trad. Adelaide Petters Lessa. São Paulo: Edusp, 1983.

KOVÁCS, Maria Júlia. **Morte e desenvolvimento humano**. São Paulo: Casa do Psicólogo, 1992.

KUBLER-ROSS, Elizabeth. **Sobre a Morte e o morrer**. Tradução de Paulo Menezes. 5. ed. São Paulo: Martins Fontes, 1992.

MONDIM, Batista. 1980. **O homem quem é ele?** Elementos de antropologia filosófica. 5. ed. São Paulo: Paulinas.

MONTAIGNE, Michel Eyquem de. **Ensaios**. 2. ed. Trad. Sérgio Milliet. São Paulo: Abril Cultural, 1980.

MOODY, Raymond. **Vida depois da vida**. 16. ed. Tradução de Rodolfo Azzi. Rio de Janeiro: Nórdica Ltda, 1991.

MORIN, Edgar. **O homem e a morte**. Trad. João Guerreiro Boto e Adelino dos Santos Rodrigues. São Paulo: Europa América, 1970.

PALLARDY, Richard. Morte. *In*: PALLARDY, Richard. **Encarta Enciclopédia**: microsoft corporation. São Paulo: Ática, 2002. p. 4-15.

SALVIANO, Jarlee Oliveira Silva. Desconfortável consolo: a ética niilista de Arthur Schopenhauer. **Cadernos de Ética e Filosofia Política**, São Paulo, n. 6, p. 83-109, jan. 2005.

SARTRE, Jean Paul. **El ser y El nada**: ensayo de ontología fenomenológica. Tradução por Juan Valvar. Madri: Alianza Editorial, 1984.

SARTRE, Jean Paul. **O ser e o nada**: ensaio de ontologia fenomenológica. 5. ed. Tradução por Paulo Perdigão. Petrópolis: Vozes, 1997.

SCHOPENHAUER, Arthur. **O mundo como vontade e representação**. Tradução de Heraldo Barbuy. Rio de Janeiro: Tecnoprint, 1958.

SCHOPENHAUER, Arthur. **Metafísica do amor, metafísica da morte**. Tradução de Jair Barboza. São Paulo: Martins Fontes, 2000.

SCHOPENHAUER, Arthur. **Da morte e sua relação com a indestrutibilidade do nosso ser-em-si**. Tradução de Pietro Nassetti. São Paulo: Martin Claret, 2001.

SCHOPENHAUER, Arthur. **Dores do mundo**: o amor, a morte, a arte, a moral, a religião, apolítica, o homem e a sociedade. Tradução de José Souza de Oliveira. São Paulo: Edipro, 2014.

SCIACCA, Michele Federico. **Como se comprova a existência de Deus e a imortalidade da alma**. São Paulo: Mundo Cultural, 1977.

STEIGER, André. **Compreender a história da vida**. São Paulo: Paulus, 1998.

TERRA, João Evangelista Martins. O mistério da morte. **Cultura Vozes**, Petrópolis, v. 89, n. 03, p. 58-65, 10 março 1995.

www.ingramcontent.com/pod-product-compliance
Lightning Source LLC
Chambersburg PA
CBHW050804160726
48004CB00002B/704